Ulrich Eisenberg / Claudius Ohder

Aussetzung des Strafrestes zur Bewährung

Aussetzung des Strafrestes zur Bewährung

Eine empirische Untersuchung der Praxis am Beispiel von Berlin (West)

Von

Prof. Dr. jur. Ulrich Eisenberg
und
Wiss. Ass. Dipl.-Soziologe Claudius Ohder

1987
Walter de Gruyter · Berlin · New York

Dr. iur. Ulrich Eisenberg
o. Professor an der Freien Universität Berlin

Dipl.-Soz. Claudius Ohder
Wissenschaftlicher Assistent an der Freien Universität Berlin

CIP-Kurztitelaufnahme der Deutschen Bibliothek

Eisenberg, Ulrich:
Aussetzung des Strafrestes zur Bewährung : e. empir. Unters. d. Praxis am Beispiel von Berlin (West) / von Ulrich Eisenberg u. Claudius Ohder. – Berlin ; New York : de Gruyter, 1987.
ISBN 3-11-011228-0
NE: Ohder, Claudius:

Printed in Germany
Satz und Druck: Saladruck, Berlin 36
Bindearbeiten: Verlagsbuchbinderei Dieter Mikolai, Berlin 10

Vorwort

Zentraler *Gegenstand* der im Auftrag des Herrn Senators für Justiz und Bundesangelegenheiten (– Justiz –) durchgeführten vorliegenden *Untersuchung* ist die in Berlin herrschende Praxis bei der Aussetzung der Vollstreckung des Strafrestes zur Bewährung nach § 57 Abs. 1 StGB. Das Vorgehen der Studie war auf die Ermittlung von Kriterien und Variablen gerichtet, die für die einschlägigen richterlichen Entscheidungen bedeutsam gewesen sein könnten. Hierzu wurde einerseits eine repräsentative Stichprobe von Entlassenen daraufhin analysiert, ob die Strafen vollständig vollstreckt wurden oder nicht, nach welchen Bestimmungen vorzeitige Entlassungen erfolgten und ferner, ob den einzelnen Entlassungsarten Gruppen der Gefangenenpopulation entsprachen, die nach biographischen, haftspezifischen und prognostischen Kriterien „typisierbar" sind; andererseits wurde, beschränkt auf die Gruppe von Gefangenen, die im Rahmen eines Verfahrens gemäß § 57 Abs. 1 StGB eine Aussetzung anstrebten, eine Identifizierung derjenigen aktenkundigen Kriterien versucht, die als für Entscheidungen in den einschlägigen Verfahren wichtig dargestellt wurden. Abschließend wurden Ergebnisse der Studie – ohne die Begründungszusammenhänge erneut aufzugreifen – thesenartig wiedergegeben und in einen Zusammenhang mit Eindrücken gestellt, die in einem Expertengespräch mit Richterpersonen Berliner Strafvollstreckungskammern gewonnen wurden.

Die Untersuchung beruht wesentlich auf der Erhebung von Daten aus Gefangenen- und Vollstreckungsakten. Da mit repräsentativen Stichproben gearbeitet wurde, war es erforderlich, die Akten möglichst aller gemäß dem Auswahlverfahren betroffenen Personen auszuwerten. Dies war teilweise mit erheblichem organisatorischen Aufwand verbunden. Insbesondere Herrn Senatsdirigenten Bung und Herrn Senatsrat Krebs sowie den beteiligt gewesenen Mitarbeiterinnen und Mitarbeitern von Geschäftsstellen des Landgerichts Berlin bzw. der Verwaltungen der Berliner Justizvollzugsanstalten sei für ihre freundliche Hilfe gedankt. – Das Bundeszentralregister unterstützte das Projekt mit Daten; um diese zusammenzutragen, mußten eigens Programme geschrieben und Suchläufe durchgeführt werden. Auch den beteiligt gewesenen Beschäftigten dieser Behörde sei hierfür gedankt.

Frau Richterin am Amtsgericht Henze, derzeit Vollzugsleiterin der Untersuchungshaftanstalt Moabit, hat in der Eingangsphase der Untersuchung wertvolle Anregungen vermittelt, wofür ihr gedankt sei.

Nicht zuletzt sind wir den Studierenden der vom Verfasser betreuten Wahlfachgruppe zu Dank verpflichtet dafür, daß sie mit Sorgfalt und Geduld bei der Aktenauswertung mitgeholfen haben.

Berlin, im Dezember 1986 Die Verfasser

Inhalt

Erster Teil: Problemstellung

I. Umfang und Struktur vorzeitiger Haftentlassungen im statistischen Vergleich: Berlin, Baden-Württemberg, Hamburg, Hessen[1]

1. Daten der Strafvollzugsstatistik und Auswahl von BZR-Daten

a) Ein statistischer Vergleich hinsichtlich Umfang und Struktur vorzeitiger Entlassungen zwischen Berlin und den (anderen) Bundesländern läßt sich anhand von Daten der *Strafvollzugsstatistik*[1a] nur in groben Zügen vornehmen.

Hiernach stiegen die Aussetzungsquoten in den Jahren 1981–1984 geringfügig an, und zwar im Bundesdurchschnitt von 29,3 % auf 31,9 %, in Baden-Württemberg, Hamburg und Hessen von 29,6 %, 29,7 % und 29,2 % auf über 34 %, in Berlin hingegen nur von 21,4 % auf 22,5 %. Im Durchschnitt dieser Jahre lagen die Raten vorzeitiger Entlassungen bei 22,2 % für Berlin, 31,7 % für Baden-Württemberg, 31,6 % für Hamburg und 31,5 % für Hessen; der entsprechende Bundesdurchschnitt lag bei 29,6 %.

Für das Jahr 1984 zeigen sich deutliche Unterschiede hinsichtlich der Struktur vorzeitiger Entlassungen. Im Bundesdurchschnitt erfolgten 62,9 % aller vorzeitigen Entlassungen aufgrund § 57 Abs. 1 StGB, 21,4 % aufgrund der §§ 88 und 89 JGG und 10,6 % im Wege der Gnade, während auf Aussetzungen gemäß § 57 Abs. 2 StGB, 0,7 % und auf Zurückstellungen nach § 35 BtMG 4,1 % entfielen. Im Vergleich dazu ist bei den Ländern ein um etwa 10 % höherer Anteil von Entlassungen gemäß § 57 Abs. 1 StGB in Hessen (72,9 %), sowie eine erhebliche Abweichung hinsichtlich der Struktur von Aussetzungen für Berlin zu erkennen; hier liegt der Anteil der Entlassungen im Gnadenweg mit 54,2 % etwa doppelt so hoch wie derjenige nach § 57 Abs. 1 StGB (27,2 %). – Im Jahre 1985 ist in Berlin die Rate vorzeitiger Entlassungen auf 17,0 % gesunken. Diese Entwicklung ist überwiegend auf einen Rückgang vorzeitiger Entlassungen im Wege der Gnade zurückzuführen; bedingte Aussetzungen des Strafrestes gemäß § 57 Abs. 1 StGB nahmen im Vergleich zu 1984 nach

---

[1] Dieser Auswahl liegen folgende Kriterien zugrunde: Hamburg weist als Stadtstaat gewisse strukturelle Ähnlichkeiten mit Berlin auf; für die Flächenstaaten Hessen und Baden-Württemberg liegen bereits empirische Untersuchungen zum Thema vor (vgl. u. II.).

[1a] StVollzSt. 1981, 1982, jeweils S. 14–19; 1983 S. 16–21; 1984, 1985, jeweils S. 7.

absoluten Zahlen zu, wenngleich dies relativ zu der größeren Zahl von Entlassungen insgesamt lediglich einen Anstieg von 6,1 % auf 7,1 % bedeutet. Die entsprechenden Werte des Jahres 1984 waren für Baden-Württemberg 20,1 %, für Hamburg 21,9 % und für Hessen 24,8 %.

Einwände gegenüber einem Vergleich der Raten vorzeitiger Entlassungen auf dem Hintergrund von Strafvollzugsstatistiken ergeben sich u. a. daraus, daß Zähleinheiten dieser Statistiken Haftentlassungen sind, die Zuverlässigkeit der einschlägigen Angaben aber erheblich eingeschränkt ist, soweit in der Praxis der Kategorie Entlassung unterschiedliche Definitionen zugrunde gelegt werden[2]. Ferner sind die der Vollzugsstatistik zu entnehmenden Anteile vorzeitiger Entlassungen in dem Maße zu gering, in dem positive Entscheidungen über Haftunterbrechung und Vollstreckungsaufschub ergingen, jedoch statistisch nicht berücksichtigt wurden[3].

b) Demgegenüber bieten Daten, die auf Eintragungen im *Bundeszentralregister* (im folgenden BZR) beruhen, und deren Zähleinheit Verurteilungen zu Freiheitsstrafe sind, mehrere Vorteile. Sie erlauben insbesondere eine Differenzierung der Analyse nach Delikten. Zudem erfassen sie diejenigen Fälle von Vollstreckungsstopp und Haftunterbrechung gemäß § 455 a StPO, bei denen es durch Gnadenerweis zu einer Aussetzung der Reststrafe gekommen ist[4].

---

[2] Vgl. hierzu die Feststellungen von *Böhm/Erhard* 1984.

[3] Wegen akuter Überfüllung der Berliner Haftanstalten wurden zwischen 1979 und April 1984 mehrere „Vollstreckungsstopp-Aktionen" durchgeführt, wobei die Vollstreckung von Strafen bis 6 bzw. 12 Monaten um mindestens 1 Jahr aufgeschoben wurde; nach Ablauf dieser Zeit konnte der Verurteilte durch ein Gnadengesuch anstreben, die Vollstreckung dieser Strafe zur Bewährung aussetzen zu lassen. Zwischen Januar 1982 und November 1984 wurde die Vollstreckung von Strafen unter 18 Monaten – sofern nicht bestimmte Ausschlußgründe (z. B. BtMG-Verstöße, offene Verfahren, Anschlußvollstreckungen, Anordnungen ausländerrechtlicher Maßnahmen, Straftaten gegen Leben, Gesundheit und sexuelle Selbstbestimmung) vorlagen – nach hälftiger Vollstreckung unterbrochen; auch hier wurde nach einem Jahr die Möglichkeit einer Aussetzung des Strafrests im Gnadenweg geprüft. Bis Ende September 1985 waren nach interner Mitteilung der Senatsverwaltung für Justiz und Bundesangelegenheiten (– Justiz –) im Zusammenhang mit diesen Maßnahmen insgesamt 513 Fälle von Vollstreckungsaufschub zur Gnadenentscheidung vorgelegt worden (53 % positive und 47 % negative Entscheidungen) sowie 1206 Fälle von Strafunterbrechung (77,3 % positive und 22,7 % negative Entscheidungen).

[4] Nicht enthalten in BZR-Daten sind hingegen Strafunterbrechungen gemäß § 456 a StPO. Daraus könnte sich eine gewisse Verzerrung hinsichtlich der Rate vorzeitiger Entlassungen in Berlin ergeben, zumal diese Vorschrift entsprechend einem vergleichsweise hohen Anteil nichtdeutscher Gefangener in Berlin relativ häufig Anwendung findet (vgl. u. Zweiter Teil IV). Die Praxis in anderen Bundesländern weicht hiervon möglicherweise ab (vgl. *Böhm* 1984).

Zum Zwecke des Vergleichs wurden aus den BZR-Unterlagen anhand bestimmter Kennziffern Entscheidungen mit folgenden Merkmalen herausgezogen:

- Verurteilung zu einer Freiheitsstrafe (s. zur Einschränkung aber Fn. 6) in den Jahren 1981 oder 1982,
- durch Gerichte in Berlin, Baden-Württemberg, Hamburg oder Hessen,
- aufgrund einer Auswahl quantitativ relevanter Delikte bzw. Deliktsgruppen (vgl. Anhang S. 86), welche den ganz überwiegenden Teil der Verurteilungen zu Freiheitsstrafe abdecken.

Bei Entscheidungen, die diesen Merkmalen entsprachen, wurde das Register daraufhin überprüft, ob und auf welcher rechtlichen Grundlage vorzeitige Entlassungen aus der Haft erfolgt sind und ob diese widerrufen wurden. – Da die BZR-Daten über Widerrufe naturgemäß einer fortlaufenden Korrektur unterliegen und somit zumindest für erst kürzer zurückliegende Jahre stets nur eine Bestandsaufnahme zu einem bestimmten Zeitpunkt, nicht jedoch eine abschließende Analyse ermöglichen, wurden im Rahmen forschungsökonomisch gebotener Einschränkung einheitlich die Daten für die Jahre 1981 und 1982 analysiert.

2. *Umfang vorzeitiger Entlassungen*

Tabelle 1 gibt eine Übersicht über die relevanten Anteile vorzeitiger Entlassungen[5] an den Verurteilungen[6].

Danach liegen die Aussetzungsraten für Baden-Württemberg, Hamburg und Hessen dicht beieinander, diejenige für Berlin ist jedoch mit durchschnittlich 23,6 % um rund 15 % geringer.

In Tabelle 2 sind die relevanten Anteile von Aussetzungen nach ausgewählten Delikten bzw. Deliktsgruppen unterschieden. Obwohl zwischen diesen erhebliche Unterschiede bezüglich der Aussetzungsraten nach Delikten bzw. Deliktsgruppen bestehen, veranlaßt dies keine grundsätzliche Differenzierung hinsichtlich der erwähnten regionalen Diskrepanz[7].

---

[5] Dabei handelt es sich um: Restaussetzungen gemäß § 57 Abs. 1 StGB, Restaussetzungen gemäß § 57 Abs. 2 StGB, Aussetzungen im Gnadenwege, Aussetzungen nach § 36 BtMG, Zurückstellungen der Vollstreckung gemäß § 35 BtMG.

[6] Bereinigt um die Fälle, bei denen die Vollstreckung der Strafe durch das erkennende Gericht zur Bewährung ausgesetzt und diese Entscheidung nicht widerrufen wurde.

[7] Zur Erklärung dieses Gefälles könnten „indirekte" Faktoren wie etwa unterschiedliche Subsumtionstendenzen der erkennenden Gerichte und/oder unterschiedliche Häufigkeiten der Verhängung längerer Freiheitsstrafen zwar bedeutsam, jedoch kaum hinreichend sein.

Tabelle 1

Rel. Anteile vorzeitiger Entlassungen insg. an Entlassungen	Berlin	Ba.-Wü.	Hamburg	Hessen
1981	25,2 %	39,3 %	39,3 %	42,1 %
1982	22,1 %	38,1 %	39,5 %	39,7 %
Durchschnitt	23,6 %	38,7 %	39,4 %	40,9 %

Tabelle 2

Rel. Anteile vorzeitiger Entlassungen insg. an Entlassungen	Berlin	Ba.-Wü.	Hamburg	Hessen
– räub. Delikte	18,8 %	49,3 %	47,6 %	48,6 %
– schw. u. gef. Körperverletzung	13,8 %	37,1 %	39,9 %	44,5 %
– Diebst. u. erschw. Umständen	16,4 %	32,7 %	28,2 %	38,1 %
– Diebst. ohne erschw. Umst.	18,0 %	27,3 %	33,3 %	29,3 %
– Betrug, Urkundenfälschung	27,6 %	43,9 %	42,2 %	43,2 %
– Unterhaltspflichtverletzung	37,3 %	54,6 %	36,2 %	52,0 %
– Trunkenheit i. Straßenverk.	45,7 %	58,2 %	53,8 %	51,3 %
– unerlaubtes Fahren eins Kfz	30,6 %	43,6 %	54,7 %	43,7 %

(Durchschnitt der Untersuchungsjahre)

3. *Struktur vorzeitiger Entlassungen*

Tabelle 3 gibt einen Überblick über die Struktur vorzeitiger Entlassungen insgesamt. Danach sind allein Restaussetzungen gemäß § 57 Abs. 1 StGB und vorzeitige Entlassungen im Gnadenwege quantitativ bedeutsam. Deren relative Häufigkeiten schwanken stark zwischen den einzelnen Ländern. Baden-Württemberg und sodann Hessen, aber auch Hamburg weisen relativ hohe Anteile von Aussetzungen gemäß § 57 Abs. 1 StGB auf, während in Berlin und sodann in Hamburg vorzeitige Entlassungen aufgrund von Gnadenbeschlüssen vergleichsweise häufig sind. Allein in Berlin überwiegen jedoch Gnadenentscheidungen.

Tabelle 4 unterstreicht dieses Ergebnis insofern, als in Berlin insgesamt auf jede Aussetzung gemäß § 57 Abs. 1 StGB etwa zwei vorzeitige Entlassungen im Gnadenwege kommen. In den anderen Ländern liegt die Schwerpunktsetzung deutlich anders: In Hamburg kommen mehr als 2, in Baden-Württemberg mehr als 4 und in Hessen gar über 6 „Zwei-Drittel-Entlassungen" auf jeden Gnadenbeschluß. – Die Aufschlüsselung dieses Verhältnisses nach Delikten läßt, unabhängig von den Ländern, ein gewisses Muster bezüglich der Höhe der Raten von Aussetzungen gemäß § 57 Abs. 1 StGB erkennen. Die niedrigen Raten Berlins werden jedoch insgesamt bestätigt.

Tabelle 3

	Rel. Anteile vorzeitiger Entlassungen				
	§ 57 I	§ 57 II	Gnadenweg	§ 35	§ 36
Berlin	7,1 %	0,1 %	15,2 %	0,05 %	1,3 %
Baden-Württemberg	30,5 %	0,1 %	7,1 %	0,1 %	0,9 %
Hamburg	26,7 %	0,1 %	12,5 %	0,02 %	0,05 %
Hessen	34,5 %	0,2 %	5,2 %	0,05 %	0,9 %

(Durchschnitt der Untersuchungsjahre)

Tabelle 4

	Rel. Anteile von Auss. gem. § 57 und im Gnadenwege an Auss. insg.							
	Berlin		Ba.-Wü.		Hamburg		Hessen	
	§ 57 I	Gnade	§ 57 I	Gnade	§ 57 I	Gnade	§ 57 I	Gnade
räub. Delikte	80,0 %	16,5 %	92,5 %	3,9 %	86,2 %	12,8 %	89,5 %	6,2 %
schw. u. gef. Körperverl.	48,4 %	51,6 %	85,9 %	13,1 %	76,3 %	22,0 %	87,2 %	11,7 %
Diebst. u. erschw. Umst.	31,9 %	54,3 %	87,5 %	9,6 %	75,1 %	24,9 %	88,9 %	7,3 %
Diebst. o. erschw. Umst.	22,0 %	70,4 %	78,1 %	19,8 %	69,0 %	31,0 %	82,8 %	14,6 %
Betrug, Urkundenfälschg.	40,8 %	59,2 %	71,4 %	25,0 %	57,7 %	41,7 %	79,4 %	19,0 %
Unterhaltspflichtverl.	23,8 %	75,6 %	76,7 %	23,3 %	70,2 %	29,8 %	86,4 %	13,6 %
Trunkenh. i. Straßenverk.	21,1 %	78,9 %	75,4 %	24,0 %	45,7 %	54,3 %	78,4 %	21,1 %
unerl. Fahren eines Kfz	26,5 %	73,5 %	73,4 %	26,2 %	53,7 %	46,3 %	81,7 %	17,9 %
Delikte insg.	29,9 %	64,1 %	78,8 %	18,4 %	67,8 %	31,7 %	84,4 %	12,8 %

(Durchschnitt der Untersuchungsjahre)

4. *Widerrufe von Strafaussetzungen*

Den Unterlagen des BZR ist unter gewissen Einschränkungen (s. o. 1 b) zu entnehmen, ob eine einmal erfolgte Aussetzung oder Zurückstellung widerrufen wurde. Insoweit können die Raten vorzeitiger Entlassung in den einzelnen Ländern mit der Häufigkeit von Widerrufen kontrastiert werden.

Tabelle 5

	Rel. Anteile von Widerrufen an vorz. Entlassungen			
	Berlin	Ba.-Wü.	Hamburg	Hessen
Delikte insg.	13,7 %	19,9 %	16,1 %	14,6 %
darunter				
– räub. Delikte	5,9 %	17,2 %	10,1 %	13,0 %
– schw. u. gef. Körperverl.	12,9 %	18,0 %	13,6 %	12,8 %
– Diebst. u. erschw. Umst.	25,4 %	26,4 %	26,9 %	21,6 %
– Diebst. ohne erschw. Umst.	18,1 %	28,4 %	19,5 %	22,2 %
– Betrug, Urkundenfälschg.	9,1 %	17,2 %	12,2 %	10,1 %
– Unterhaltspflichtverl.	10,9 %	19,0 %	16,8 %	16,8 %
– Trunkenh. i. Straßenverk.	9,4 %	11,8 %	7,6 %	7,5 %
– unerl. Fahren eines Kfz	6,8 %	15,6 %	13,6 %	11,0 %

(Durchschnitt der Untersuchungsjahre)

Tabelle 5 gibt in der ersten Zeile einen Überblick über die Widerrufsraten bei vorzeitigen Entlassungen insgesamt (s. auch Schaubild u. 5.); in den darunterliegenden Zeilen werden diese nach Delikten bzw. Deliktsgruppen aufgeschlüsselt.

Die Widerrufsraten liegen in den untersuchten Ländern dicht beieinander und sie entsprechen insgesamt nicht den Raten vorzeitiger Entlassung. Berlin weist den geringsten Anteil von Widerrufen auf. Der Abstand zu dem der anderen Länder ist indes geringer als derjenige in bezug auf die unterschiedliche Häufigkeit vorzeitiger Entlassung[8]; dieser Umstand erscheint unbeschadet dessen erwähnenswert, daß die relativen Werte sich auf unterschiedliche Gesamtheiten beziehen und daher ein direkter Vergleich nicht möglich ist. Im übrigen und insbesondere aber verbietet sich eine Gleichsetzung von Widerruf mit Verletzung der Strafrechtsordnung, da hierbei das Dunkelfeld unberücksichtigt bliebe (z. B. verbesserte Tatbegehungstechniken bzw. Entdeckungsresistenzen nach längerer Haftzeit), ein Widerruf von einer Vielzahl von Umständen und Bewertungen abhängig ist[9] und nicht zuletzt eine Widerrufsquote nicht der Schwerequote (neu) begangener Delikte entsprechen muß.

Die Aufschlüsselung der Widerrufe nach Delikten bzw. Deliktsgruppen erweist gleichfalls Unterschiede zwischen Berlin und den einbezogenen (anderen) Bundesländern. So ist in Berlin beispielsweise der Anteil von Widerrufen im Zusammenhang mit Raubtaten besonders gering (5,9 %), jedoch lag die relative Häufigkeit vorzeitiger Entlassungen in diesem Deliktsbereich mit 18,8 % um etwa 30 % unter derjenigen anderer Länder. Auch hat die in Berlin vorherrschende zurückhaltende Aussetzungspraxis deliktsspezifische Widerrufsprofile nicht nivelliert. Wie in anderen Ländern mit höheren Anteilen vorzeitiger Entlassung sind in Berlin Widerrufe im Zusammenhang mit Raubdelikten, schwerer und gefährlicher Körperverletzung, Betrug, Trunkenheit im Straßenverkehr und unerlaubtes Fahren eines Kfz unterdurchschnittlich häufig, während sich insbesondere Diebstahl negativ abhebt.

---

[8] Zur Beurteilung der Widerrufsrate für Berlin muß auf zwei Besonderheiten verwiesen werden. Zurückstellungen gemäß § 35 BtMG erfolgen in Berlin vergleichsweise häufig, und Widerrufe dieser Zurückstellungen sind ebenfalls vergleichsweise häufig (bei über 50 % der Fälle), so daß eine Anhebung der Widerrufsrate insgesamt die Folge ist. Eine gewisse Gegenläufigkeit mag sich statistisch aus dem Umfang der gnadenweisen Entlassung anläßlich des Weihnachtsfestes ergeben, zumal es sich hierbei um einen Erlaß der Strafe handelt und Widerrufe also ausgeschlossen sind.

[9] S. näher *Eisenberg*, 1985, § 42 Rdn. 6 mit Verweisen.

5. Zusammenfassung und Erörterung

Aus Strafvollzugsstatistiken und Daten des BZR ergibt sich ein Bild, demgemäß in den einzelnen hier untersuchten Ländern Umfang und Struktur vorzeitiger Haftentlassungen erheblich variieren. Diese Größen scheinen von konkreten Bedingungen und Umständen geprägt und beeinflußbar[10]. Ungeachtet dieser Unterschiede findet eine Zurückhaltung gegenüber vorzeitigen Entlassungen keine unmittelbare Entsprechung in einer geringeren Mißerfolgsquote, ganz abgesehen davon, daß sich eine solche Quote nicht mit (dem Ausmaß) der Verletzung der Strafrechtsordnung gleichsetzen läßt. Nicht vertretbar wäre es daher, pauschal davon auszugehen, höhere Aussetzungsraten würden gesteigerte Sicherheitsrisiken mit sich bringen[11].

Die Situation in Berlin ist durch einen geringen Anteil von Aussetzungen gemäß § 57 Abs. 1 StGB bei einer insgesamt niedrigen Rate vorzeitiger Entlassungen gekennzeichnet. Bei den hier einbezogenen Delikten kom-

---

[10] Hierzu zählen mit Sicherheit Besonderheiten bei der Gefangenenpopulation. Diese sind jedoch im Hinblick auf die Praxis vorzeitiger Entlassung schwer zu quantifizieren. Bedenken bestehen daher gegenüber (i. S. vorschneller Legitimationsstrategie) verwandten Behauptungen umfassender „berlinspezifischer" Abweichungen hinsichtlich der sich im Strafvollzug befindlichen Personen. Insbesondere ist für Männer im Erwachsenenstrafvollzug auch in den (anderen) Bundesländern geläufig, daß in Fällen der „Vorbelastung" mit Jugend- oder Freiheitsstrafe die letzte Inhaftierung häufig erst kurze Zeit zurücklag und das Rückfallintervall mit dem Ausmaß einschlägiger Vorbelastungen kürzer wird, daß der Anteil derer, die wegen Raub-, Sexual- und Rauschgiftdelikten einsitzen, vergleichsweise hoch ist und endlich, daß der Anteil langer Freiheitsstrafen zugenommen hat (vgl. zu dem erst- und letztgenannten Umstand im einzelnen *Eisenberg* 1985, § 40 Rdn. 12 und § 48 Rdn. 25 sowie § 36 Rdn. 9). Von den zusammengefaßten Ergebnissen anderer Untersuchungen ausgehend (s. im Text II. 2.) ergeben sich allein hieraus keine plausiblen Erklärungen für eine restriktivere Anwendung des § 57 StGB in Berlin (zur Analyse der Entscheidungskriterien im einzelnen s. allerdings u. Zweiter Teil).

[11] Die Ergebnisse einer Untersuchung der Rückfallquoten von Personen, die zwischen 1971 und 1974 aus dem sozialtherapeutischen bzw. Regelvollzug der Strafanstalt Tegel entlassen wurden (*Dünkel* 1981), könnten die Annahme nahelegen, daß eine Erweiterung der Aussetzungspraxis nicht unbedingt einen Verlust spezialpräventiver Wirkung mit sich bringe: Vorzeitig Entlassene wiesen im Vergleich zu Endentlassenen geringere Rückfallquoten auf. Eine Erklärung, derzufolge die vorzeitige Entlassung eine positive Selektion bedeute und die Rückfallwahrscheinlichkeit somit grundsätzlich als geringer anzusehen sei, würde zu kurz greifen. In der genannten Studie wurde berechnet, daß selbst dann, wenn solche Variablen neutralisiert werden, die als wichtig für Aussetzungsentscheidungen gelten können, bei den vorzeitig Entlassenen des Regelvollzugs eine um 15 % geringere und bei denen des sozialtherapeutischen Vollzugs eine um 8 % geringere Rückfallquote verblieb (zu Einwänden gegenüber einer Aussage i. S. d. post hoc ergo propter hoc s. *Eisenberg*, 1985, § 42 Rdn. 10 ff.).

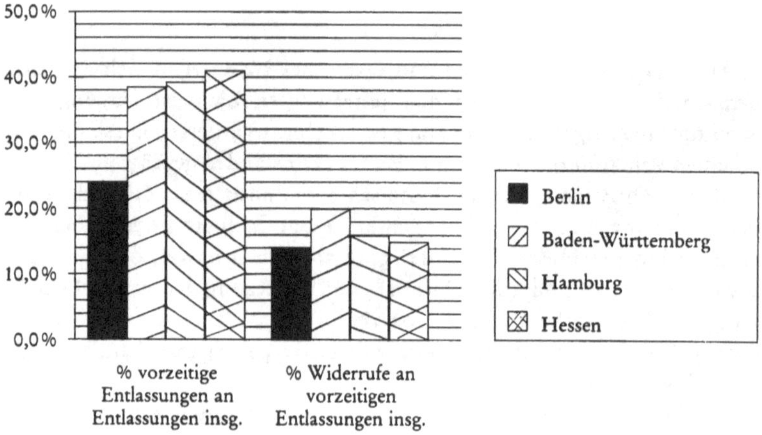

men für den Untersuchungszeitraum auf 100 in Berlin vorgenommene vorzeitige Entlassungen etwa 164 in Baden-Württemberg, 167 in Hamburg und 173 in Hessen. Eine Mitberücksichtigung von Unterbrechungen gemäß § 456a StPO in Berlin würde zu keiner entscheidenden Angleichung dieser Werte führen. – Für die Aussetzungspraxis Berlins ist weiterhin der hohe Anteil vorzeitiger Entlassungen im Gnadenwege charakteristisch. Dieser Anteil ist jedoch, wie die Strafvollzugsstatistik unterstreicht, hochgradig variabel. Danach fiel er von 12,2 % an allen Entlassenen im Jahre 1984 auf 5,6 % im darauffolgenden Jahr. Zuvor war er von 4,1 % im Jahre 1978 kontinuierlich angestiegen, und zwar teilweise gleichsam komplementär zum Sinken des Anteils gerichtlicher „Zwei-Drittel-Entlassungen" von einem Höchstwert von 11,5 % im Jahre 1979 auf 5,9 % im Jahre 1983[12].

Dieses Wechselverhältnis wirft die Frage nach der Gleichwertigkeit oder aber Unterschiedlichkeit der Kriterien von „Zwei-Drittel-Aussetzungen" einerseits und den hier in Rede stehenden einschlägigen Gnadenentscheidungen andererseits auf. Dies betrifft insbesondere den *Einflußgrad* formaler Selektionskriterien gemäß Belangen *der Vollzugsorganisation*. Zugleich ergeben sich Zweifel daran, ob von einer „wirklichen Korrektur" der Quote vorzeitiger Entlassungen gemäß § 57 StGB durch eine umfangreiche Gnadenpraxis gesprochen werden kann. Zugleich

[12] Statistisches Landesamt Berlin, Tabelle St. 1, Blatt 3, 1978 bis 1983; Strafvollzugsstatistik 1984, 1985, jeweils S. 7.

erscheint fraglich und wird näher zu untersuchen sein (vgl. Zweiter Teil), ob die quantitative Bedeutung richterlicher Entscheidungen ohne Strafunterbrechungen und Vollstreckungsstopp sowie umfängliche gnadenweise Entlassungen anläßlich des Weihnachtsfestes höher gewesen wäre.

II. Bisherige Aktenuntersuchungen zur Praxis der bedingten Strafrestaussetzung

Empirische Arbeiten, die sich mit der Frage der Entscheidungsfindung bei Strafrestaussetzungen gemäß § 57 StGB befassen, fehlten bis 1982 weithin. Die danach vorgelegten Untersuchungen zu diesem Thema beziehen sich auf bestimmte Regionen und besitzen teilweise nur explorativen Charakter. Ein genereller Überblick über die Aussetzungspraxis in der Bundesrepublik Deutschland ergibt sich daraus nicht, wohl aber enthalten sie Hinweise auf Entscheidungskriterien, die Streuung von Aussetzungsraten und die Rolle der Vollzugsanstalten an den Verfahren.

1. Einzelne Untersuchungen

a) Die Arbeit von *Aufsattler* u. a. (1982) ist methodologisch aufwendig, besitzt jedoch eher explorativen Charakter, denn untersucht wird nur ein sehr begrenzter Bereich der Aussetzungspraxis: wegen eines Eigentums- und/oder Vermögensdelikts zu mindestens zwei Jahren Haft verurteilte deutsche Staatsangehörige, die einer Restaussetzung zustimmten und deren Anhörung gemäß § 57 Abs. 1 StGB in der Zeit von 1976 bis 1978 vor einer baden-württembergischen Vollstreckungskammer stattfand.

Die Verfasser stellten fest, daß die Entscheidungen der Vollstreckungskammern deutlich mit den JVA-Empfehlungen korrelierten (bei 79 % der untersuchten Fälle deckten sich Entscheidung und Empfehlung). Sodann prüften sie, ob diese Übereinstimmung das Ergebnis einer unabhängig voneinander vorgenommenen Evaluation spezifischer Umstände und Fakten durch StA und JVA war, oder aber, ob die JVA-Empfehlung „an sich" gewichtigster Faktor für den Kammerbeschluß war. Die hierzu mittels einer Serie unabhängiger Variablen versuchte Rekonstruktion sowohl der Entscheidungen der Kammer als auch der Empfehlungen der JVA ergab bei folgenden Variablen einen statistisch signifikanten Zusammenhang (der Entscheidungen mit den Empfehlungen): Arbeitsleistung während des Vollzuges, Teilnahme an sozialtherapeutischen Angeboten, Gewährung von Vollzugslockerungen (offener Vollzug, Ausgang/Urlaub), Vorhandensein von Bezugspersonen, Wohnung und Arbeit nach der Haft; eine Assoziation mit ablehnenden Empfehlungen wurde für Mißbrauch von Vollzugslockerungen sowie einschlägige Vorbelastungen festgestellt. Während Vollzugsanstalten und Vollstreckungskammern sich im allgemeinen an nahezu deckungsgleiche Bewertungsmaßstäbe hielten, ermittelten die Verfasser eine Ausnahme hinsichtlich der Beurteilung des Vollzugsverhaltens darin, daß dieses für die JVA-Empfehlung eine größere Rolle spielte, als Arbeitsleistung, Disziplinarverstöße und die Nutzung sozialtherapeutischer Angebote hierfür signifikante Faktoren darstellten; dennoch war das Vollzugsverhalten für beide Instanzen (JVA und StVK) gegenüber den Bereichen Vorverurteilungen sowie berufliche und soziale Situation nach der Haft von untergeordneter Bedeutung.

b) *Böhm/Erhard* (1984) erläuterten, daß zumindest für Hessen Angaben der Strafvollzugsstatistik, wonach bei weniger als 30 % der freiheitsentziehenden Strafen Restaussetzungen zur Bewährung erfolgten, irreführend seien; sieht man von denjenigen Pesonen ab, die aus rechtlichen oder tatsächlichen Gründen für eine Entscheidung gemäß § 57 Abs. 1 StGB nicht in Betracht kamen[13], so würde der Anteil der bedingten Entlassungen gemäß § 57 Abs. 1 StGB auf etwa 75 % ansteigen.

In einer Analyse einer repräsentativen Stichprobe der im Jahre 1982 aus hessischen Vollzugsanstalten entlassenen Männer stellten auch *Böhm/Erhard* eine starke Übereinstimmung zwischen den von den Anstalten ausgesprochenen Empfehlungen und den Entscheidungen der Vollstreckungskammern fest. Positiven Empfehlungen folgte der Beschluß in mehr als 90 % der Fälle, negativen etwas seltener; allerdings war die relative Häufigkeit positiver Empfehlungen zwischen den verschiedenen Anstalten starken Schwankungen unterworfen (von 35 %–92 %). Ebenfalls von Einfluß auf die Entscheidung der Vollstreckungskammern schien die zu vollstreckende Straflänge, da die Quote bedingter Strafrestaussetzungen mit der Länge anstieg; bei Strafen zwischen 6 und 12 Monaten war jedoch ein umgekehrter Trend zu beobachten, der nach Annahme der Verfasser mit dem hohen Anteil prognostisch negativ beurteilter Gefangener an dieser Gruppe (insbesondere Wiederholungstäter im Bereich kleinerer Eigentumsdelikte und von § 48 StGB a. F. betroffene Personen) zu erklären sei. Zudem wurde festgestellt, daß mit zunehmender Anzahl von Vorstrafen die Chance sank, gemäß § 57 Abs. 1 StGB vorzeitig entlassen zu werden, wenngleich auch eine längere Liste von Vorstrafen kein Ausschlußgrund war; so wurden selbst bei Personen mit mehr als zehn Vorstrafen noch etwa 55 % positive Entscheidungen getroffen.

Während zwischen disziplinarischem Verhalten und Aussetzung nur eine schwache Verbindung festgestellt wurde – allenfalls tendenziell

---

[13] Dies waren: Zustimmungsverweigerer sowie Gefangene, an denen Ersatzfreiheitsstrafen, (zu) kurze Strafen oder bereits früher ausgesetzte Strafreste vollstreckt wurden.

restriktivere Kammern maßen explizit beanstandeten Verhaltensweisen während des Vollzuges eine gewisse Bedeutung bei –, ergab sich eine vergleichsweise hohe Assoziierung erfolgreichen Freigangs (etwa 92 % der entsprechenden Anträge wurden positiv entschieden) sowie beanstandungslos verlaufenen Urlaubs (in etwa 89 % positive Entscheidungen). Unterschiedlich waren indes die Quoten in Fällen des Scheiterns nach „Vollzugslockerungen": aus dem offenen Vollzug zurückverlegte Gefangene wurden zwar zu geringerem, aber dennoch überdurchschnittlichem Anteil vorzeitig entlassen, während die Quote bei Gefangenen mit Urlaubsmißbrauch unter den Durchschnitt sank.

Bezüglich Zustimmungsverweigerungen wurde ein Zusammenhang mit Straflänge (bei Strafen bis zu 6 Monaten erfolgten etwa 20 % Zustimmungsverweigerungen, bei solchen von mehr als 2 Jahren hingegen nur etwa 3 %), Zahl der vollstreckten Vorstrafen sowie Mißbrauch von Vollzugslockerungen konstatiert. Demnach schienen Zustimmungsverweigerungen aus zwei Motiven zu erfolgen: zum einen zogen Betroffene namentlich kurzer Strafen die Endvollstreckung den an die Restaussetzung zur Bewährung gekoppelten Auflagen und Kontrollen vor. Zum anderen vermieden sie durch eine Zustimmungsverweigerung eine befürchtete Negativentscheidung. – *Böhm/Erhard* (1984) stellten allerdings eine deutliche Streuung der Verweigerungsquote fest, die sich durch Variation bei den genannten Variablen nicht erklären ließ. Dies mag eine gewisse Einflußnahme des Anstaltspersonals vermuten lassen, dem durch Verweigerungen das Anfertigen von Stellungnahmen erspart bleibt.

c) *Ohle* (1984) verglich die in Hamburg herrschende Aussetzungspraxis vor und nach Einrichtung von Strafvollstreckungskammern anhand zweier Stichproben von Aussetzungsentscheidungen der Jahre 1970 und 1980; insgesamt sei die Insitutionalisierung von Vollstreckungskammern insofern erfolgreich gewesen, als sich eine auf rational begründbaren Prognosen über zukünftiges Verhalten beruhende Aussetzungspraxis durchgesetzt habe.

Im einzelnen waren die Informationen, denen durch die Instanzen JVA und StVK eine prognostische Qualität zugeschrieben wurde, überwiegend in den Bereichen Verhalten vor der Inhaftierung und Lebensumstände nach der Entlassung angesiedelt, während dem Verhalten während des Vollzuges geringe Bedeutung beigemessen wurde. Wichtige Kriterien für Kammerbeschlüsse waren insbesondere: Alter bei Anhörung, Alter bei Einsetzen einer „kriminellen Karriere", Bewährungsverhalten, Vorverurteilungen, Grad der sozialen Verankerung variierend nach Vorhandensein „sozialer Beziehungen", schulischer Ausbildung, beruflichem Abschluß. Bei 75 % befürwortenden JVA-Stellungnahmen ergingen etwa 65 % positive Aussetzungsbeschlüsse.

Ohle stellte fest, daß der Anteil der Zustimmungsverweigerer zwischen 1970 und 1980 um etwa 15 % auf 19,2 % gestiegen war. Überwiegend handelte es sich um Personen ohne Chancen auf vorzeitige Entlassung, da sich bei Zugrundelegung der von JVA und StVK verwandten Kriterien in den meisten Fällen negative Prognosen ergeben hätten. Die unterstellte Ausrichtung richterlicher Entscheidungen nach rationalen Kriterien lasse sich somit als Formalisierung der Entscheidungsfindung verstehen, die zur Folge habe, daß ein Teil der Gefängnispopulation de facto von dem Institut der Strafrestaussetzung von vornherein ausgeschlossen sei.

d) *Dünkel/Ganz* (1985) untersuchten im Rahmen einer Pilot-Studie 140 Aussetzungsentscheidungen des Jahres 1982, die von einer großen und zwei kleinen Vollstreckungskammern am LG Freiburg getroffen wurden. Besonderheit dieser Untersuchung ist, daß konkret auf jeden zu entscheidenden Fall bezogen die relevanten Kriterien von den jeweiligen Vollstreckungsrichtern erfragt wurden. Dieser methodische Zuschnitt wird schon gemäß allgemeinen Einwänden gegenüber der Methode der Befragung nur eingeschränkt geeignet sein, den Einfluß der nicht schriftlich fixierten Verfahrensteile auf den Beschluß zu quantifizieren; indes erlaubt das Vorgehen in gewisser Weise eine Überprüfung daraufhin, welche Informationen den Gerichten bei ihren Entscheidungen überhaupt vorlagen. Insofern ergab sich, daß die bei den Kammerentscheidungen zur Verfügung stehenden Informationen überwiegend Akten einschließlich der JVA-Stellungnahmen entstammten, indes im konkreten Fall nicht selten Angaben auch zu Aspekten des Vollzuges, denen eine recht erhebliche prognostische Relevanz zugesprochen worden sei (z. B. therapeutische Maßnahmen, Teilnahme an Aus- und Fortbildungsangeboten, Kontakte zur Familie), vermissen ließen.

Dünkel/Ganz (1985) berichteten, daß insgesamt 47 % positiver Aussetzungsentscheidungen ergingen, während sich zwischen einzelnen Kammern signifikante Differenzen der Aussetzungsquote ergaben; die Empfehlungen der Vollzugsanstalten waren zu 40 %, diejenigen der StA zu 32 % positiv bzw. bedingt positiv. Die Kammern folgten 82 % der positiven und 95 % der negativen JVA-Empfehlungen; bezüglich der StA-Stellungnahmen lagen die Anteile bei 93 % bzw. 82 %. Eine starke Assoziation zwischen den Empfehlungen der anderen verfahrensbeteiligten Instanzen und der Entscheidung der Kammern ist somit auch bei dieser Untersuchung festzustellen.

Nach *Dünkel/Ganz* wirkten sich Vorstrafen und Bewährungswiderrufe und auch der Mißbrauch von „Vollzugslockerungen" für die Aussetzungsentscheidung deutlich negativ aus; positiv wurden hingegen erfolgreicher Freigang, die Nutzung von therapeutischen Angeboten sowie Aus- und Fortbildungsmöglichkeiten, soziale Außenkontakte und die

Tatsache einer ersten (längeren) Vollstreckung bewertet. Dem bei der Anhörung entstandenden Eindruck vom Gefangenen sei gleichfalls eine große Bedeutung zugekommen[14].

2. *Zusammenfassung*

Die vorhandenen Untersuchungen zur Praxis der bedingten Strafaussetzung entsprechen sich weitgehend in bezug auf die als bedeutsam angegebenen Kriterien. Dies gilt sowohl für die richterlichen Entscheidungen als auch die Empfehlungen der Vollzugsanstalten. Unterschiede bei den einzelnen Kriterienkatalogen dürften sich überwiegend mit Besonderheiten im Untersuchungszuschnitt und mangelnder Meßgenauigkeit einzelner Variablen erklären lassen; letzteres bedingt zugleich eine Redundanz und damit auch relative Austauschbarkeit einiger Faktoren.

Hinsichtlich der Anteile positiver und negativer Kammerentscheidungen sowie befürworteter und ablehnender Empfehlungen durch die Vollzugsanstalten dokumentieren die einzelnen Untersuchungen jedoch erhebliche Unterschiede (s. Tab. 6).

Tabelle 6

	Anteil pos. StKV-Entsch.	Anteil pos. JVA-Empf.	Übereinst. von Empf. u. Entsch.	Anteil Zust.-Verweig.
Ba.-Wü. (1976–78)	51 %	50–70 %	79 %	?
LG Freibg. (1982)	47 %	40 %	82 % und 95 %*	?
Hamburg (1980)	65 %	75 %	?	19 %
Hessen (1982)	75 %	35–92 %	90 % und < 90 %*	12 %

* Bei positiver bzw. negativer JVA-Empfehlung.

[14] Allerdings muß es sich hierbei nicht um eine unabhängige Variable gehandelt haben, denn die Verfasser berichten von deutlichen Korrelationen zwischen dem bei der Anhörung entstandenen Eindruck und den vorgenannten Variablen.

Zweiter Teil: Untersuchung der Aussetzungspraxis in Berlin

I. Methodisches Vorgehen

1. Allgemeines

Untersuchungen institutionellen Handelns erwecken bisweilen den Eindruck, als ob ein Katalog der für dieses Handeln relevanten Kriterien quasi natürwüchsig aus der Analyse des erhobenen Datenmaterials folge. Demgegenüber wurde bei der vorliegenden Untersuchung, unbeschadet methodischer Einwände, eine vorläufige „Kriterienliste" vorab erstellt, u. a. um in Vortests überprüfen zu können, ob die vorgesehenen Datenquellen ausreichend Informationen zur Erfassung dieser Variablen enthalten. Der Variablenkatalog stützte sich auf Erkenntnisse kriminologischer Rückfall- und Prognoseforschung[1]. Es wurden sowohl Faktoren aufgenommen, die bereits vor der Inhaftierung feststanden, als auch Variablen, die Entwicklungen während des Vollzuges und vermutliche Lebensumstände nach der Entlassung widerspiegeln.

Allerdings geht die Untersuchung insoweit über den beschriebenen methodischen Zuschnitt hinaus, als Stellungnahmen der Vollzugsanstalten und der Staatsanwaltschaft, Anhörungsprotokolle sowie Beschlüsse der Strafvollstreckungskammern auf darin enthaltene Begründungen und Argumentationsfiguren ausgewertet und, unterschieden nach positiven und negativen Argumenten, für jeden Verurteilten gesondert notiert wurden. Erst nach vollständiger Erhebung der Daten wurde dann aus diesem qualitativen Material auf induktivem Wege ein zweiter Katalog von Entscheidungs- bzw. Begründungskriterien erstellt. Das Nebeneinander beider Vorgehensweisen führte zwar zu einer gewissen Redundanz, gestattete hingegen eher eine Aussage darüber, in welchem Verhältnis generelle Prognosevariablen zu konkreten (aktenkundigen) Entscheidungskriterien stehen. Zugleich wurden dadurch instanzenspezifische Selektionsprozesse bei Auswahl und Bewertung von Umständen und Details erkennbar. Die Entscheidungspraxis zu § 57 StGB wäre jedoch, losgelöst von einem weiter gefaßten, allgemeineren Zusammenhang, einer Untersuchung schwerlich zugänglich gewesen. Zu fragen war vielmehr u. a. nach dem Umfang vorzeitiger Entlassungen insgesamt, nach Verfahrensmöglichkeiten, die u. U. eine Konkurrenz zu der Aussetzung gemäß § 57 StGB darstellten, nach Strukturen und organisatorischen Besonder-

---

[1] Vgl. etwa *Mannheim*, 1975; *Eisenberg*, 1985, § 21, § 40 Rdn. 11 ff., § 36 Rdn. 72.

heiten der in Berlin herrschenden Aussetzungspraxis. Hieraus folgte ein relativ komplexes Untersuchungsdesign, zu dessen Umsetzung auf verschiedene Daten- und Informationsquellen zurückgegriffen werden mußte.

2. *Stichprobenkonstruktion*

Aufgabenstellung der Untersuchung war es, ein möglichst aktuelles Bild der Praxis bedingter Strafrestaussetzungen zu gewinnen, dabei jedoch die Auswirkungen spezifischer Maßnahmen, insbesondere der Strafunterbrechungen gemäß § 455 a StPO einzubeziehen. Die Stichprobenkonstruktion spiegelt diese Vorgaben wider.

Es wurde eine repräsentative Stichprobe aus der Gesamtheit aller zwischen dem 1. Mai 1984 und dem 30. April 1985 aus Berliner Haftanstalten in Freiheit entlassenen Personen gezogen, sofern an diesen eine zeitige Freiheitsstrafe von mindestens drei Monaten vollstreckt worden war. Diese Stichprobe wurde nach einem Zufallsverfahren anhand der Abgangsregister der einzelnen Haftanstalten ermittelt. Da zum 1. November 1984 die Unterbrechungsaktion gemäß § 455 a StPO eingestellt wurde, umfaßt die Untersuchung Entlassungen aus Zeiträumen gleicher Länge mit und ohne diese Regelung. Insgesamt fielen 463 Personen in die Stichprobe. Für 461 konnten die Personalakten beigebracht und anhand eines standardisierten Erhebungsbogens ausgewertet werden.

Wenn aus diesen Unterlagen hervorging, daß die betreffende Person zu irgendeinem Zeitpunkt einen Antrag auf bedingte Entlassung gemäß § 57 StGB gestellt hatte, wurde das Vollstreckungsheft angefordert und insbesondere die Stellungnahmen von JVA und StA, das Anhörungsprotokoll sowie der Kammerbeschluß anhand eines zweiten Leitfadens ausgewertet. Diese Gruppe umfaßte 219 Personen. Es stellte sich jedoch heraus, daß bei 10 Personen die Vollstreckungshefte aus organisatorischen und formalen Gründen nicht beigebracht werden konnten (z. B. weil sie sich bei bundesdeutschen Staatsanwaltschaften befanden). Bei drei weiteren Personen waren die Akten bis nach Abschluß der Datenerhebung im Umlauf und konnten aus diesem Grund ebenfalls nicht eingesehen werden[2]. Insgesamt konnten jedoch aus dieser Stichprobe 206 Aussetzungsverfahren gemäß § 57 StGB analysiert werden.

Die aus den Registern gezogene Stichprobe ist repräsentativ für die während eines bestimmten Zeitraumes aus Berliner Vollzugsanstalten

---

[2] Rd. 6 % der Fälle mußten somit unausgewertet bleiben. Dies ist eine vergleichweise geringe Quote und dürfte – zumal kein Anlaß zu der Vermutung besteht, daß es sich hierbei um „untypische" Fälle handelt – nicht zu verzerrten Ergebnissen geführt haben.

entlassenen Personen (sofern die oben genannten zusätzlichen Merkmale zutreffen). Nur ein relativ kleiner Teil (13 %) wurde jedoch gemäß § 57 StGB bedingt vorzeitig entlassen, und nur bei diesen Fällen kann mit Bestimmtheit davon ausgegangen werden, daß sie das insoweit aktuelle (s. aber Fußn. 7) Entscheidungsverhalten der Strafvollstreckungskammern widerspiegeln[3]. Aus diesem Grunde wurde zur Untersuchung der Entscheidungspraxis eine zweite Stichprobe gezogen. Nach dem Zufallsprinzip wurden weitere 85 Personen aus der Gesamtheit derer ermittelt, die zwischen dem 1. Mai und dem 30. September 1985 einen Antrag auf eine Strafrestaussetzung gemäß § 57 StGB gestellt hatten und deren Antrag bis zum 1. Dezember des gleichen Jahres erledigt war[4]. Für die Analyse des Entscheidungsverhaltens konnte somit auf eine Gesamtstichprobe von 291 Personen zurückgegriffen werden. Die Zahl der in dieser Stichprobe enthaltenen und untersuchten Vorgänge liegt mit 347 höher. Dies erklärt sich aus der Tatsache, daß aufgrund von Rücknahmen und Beschwerden bei einzelnen Personen mehrere Vorgänge gemäß § 57 StGB aktenkundig wurden.

Wie bereits zum Ausdruck gebracht (s. Vorwort), verfolgte die vorliegende Untersuchung zwei recht heterogene Fragestellungen. Zum einen handelte es sich um Entlassungsgründe und deren wechselseitige Beziehung mit Variablen aus den Bereichen biographischer Hintergrund der betreffenden Gefangenen, Lebensumstände, Haftsituation und -verhalten. Zum anderen hatte die Untersuchung die Aufgabe, Entscheidungsverhalten im Zusammenhang mit Verfahren gemäß § 57 StGB zu analysieren. Dadurch wurde die beschriebene Staffelung der Stichproben erforderlich.

3. Der Variablenkatalog

Aus den *Personalakten* wurden Angaben zu insgesamt 68 Variablen erhoben, die der Beschreibung der Verurteilten und der Kennzeichnung ihrer Situation dienen. Diese können in folgende Themenkomplexe untergliedert werden:

- formaler Hafthintergrund (z. B. Datum des Strafantritts, Zahl der aufeinanderfolgenden Vollstreckungen, Straflänge),
- Urteil (z. B. Art des Strafnormverstoßes, Anwendung § 48 StGB a. F.),

---

[3] Bei Gefangenen mit Endvollstreckung kann beispielsweise, abhängig von der Straflänge, ein Anhörungstermin theoretisch bereits längere Zeit vor dem 1. Mai 1984 gelegen haben.

[4] Dies wurde anhand der „Register für das Verfahren vor der Strafvollstreckungskammer" getan, welche von den jeweiligen Geschäftsstellen geführt werden.

- Vorbelastungen (z. B. Zahl der früheren Freiheitsstrafen, Geldstrafen, Bewährungswiderrufe, Deliktsschwerpunkte),
- Lebensumstände vor der Inhaftierung (z. B. soziale Kontakte, Wohn- und Arbeitssituation, schulische und berufliche Ausbildung),
- Situation im Strafvollzug (z. B. Nutzung therapeutischer und pädagogischer Angebote, Verhängung von Disziplinarstrafen, Gewährung von Vollzugslockerungen),
- vermutliche Lebensumstände nach der Entlassung (z. B. Wohnung, Arbeit).

Die verwandte Liste von Variablen gestattete gemäß den vorgegebenen forschungsökonomischen Grenzen freilich nur eingeschränkte Zugänge[5]. Insbesondere stehen die einbezogenen Daten hinsichtlich ihrer Gültigkeit und Geeignetheit für kriminologische Untersuchungen unter den allgemeinen Einschränkungen des Wahrheitsgehalts und der Funktionsbestimmung aktenmäßiger Unterlagen[6].

Den *Vollstreckungsheften* wurden Daten zu der unmittelbaren Praxis der bedingten Strafrestaussetzung entnommen. Dabei wurden für jedes einzelne Verfahren folgende Aspekte abgedeckt:

- Stellungnahme der JVA (z. B. Art der Empfehlung, vorgetragene Argumente),
- Antrag StA (Art des Antrags, vorgebrachte Argumente),
- Anhörung vor StVK (z. B. Dauer der Anhörung, Art des Beschlusses, vom Verurteilten vorgetragene Argumente, Begründung der Kammer),
- darüber hinaus wurden Angaben mit interpretativem Hintergrund aufgenommen (z. B. Einschätzung der Qualität von Stellungnahmen und Beschlüssen, Veränderung der Argumentation der Instanzen zwischen einzelnen Verfahren, Stellenwert der Argumente des/der Verurteilten).

Soweit möglich, wurden die Daten anhand eines standardisierten Fragebogens erhoben. Argumente und Begründungen der Instanzen sowie der Verurteilten selbst wurden wörtlich notiert und erst in einem späteren Schritt kodiert.

---

[5] Zudem stellte sich heraus, daß einzelne Akten Informationslücken bei Themenkomplexen aufwiesen, für die formalisierte Dokumentationsmöglichkeiten (z. B. Vordrucke) nicht vorgesehen sind. Daher konnten nicht für jeden Gefangenen Daten zu allen Variablen erhoben werden. Dies betrifft hauptsächlich Details und Umstände während der Haft, sowie die Lebenssituation davor und danach.

[6] Vgl. dazu etwa *Müller*, 1977; *Eisenberg*, 1985, § 13 Rdn. 16.

II. Gefangenenpopulation und Gründe der Haftentlassung

1. Überblick über die Entlassungsgründe

Eine Aufschlüsselung nach den Gründen der Entlassung zeigt, daß an der Mehrheit der Gefangenen die Strafen vollständig vollstreckt wurden (55,2 %). Vorzeitig entlassen wurden 13,2 % gemäß § 455 a StPO, 13,0 % nach § 57 StGB[7], 7,4 % gemäß § 456 a StPO und 6,7 % im Gnadenwege. Andere Entlassungsgründe spielten zumindest nach quantitativen Gesichtspunkten nur eine geringere Rolle (s. Tab. 7) und wurden daher von der Untersuchung ausgenommen.

Tabelle 7

Entlassungsgrund	Personen abs.	rel. Wert	davon: 1 Strafe	> 1 Strafe	Strafen abs.	rel. Wert
§ 57 I StGB	59	12,8 %	14,9 %	10,1 %	75	10,9 %
§ 57 II StGB	1	0,2 %	0,4 %	0,0 %	1	0,1 %
§ 455 a StPO	61	13,2 %	14,9 %	11,1 %	76	11,0 %
§ 456 a StPO	34	7,4 %	11,1 %	2,5 %	37	5,4 %
§ 35 I BtMG	11	2,4 %	1,9 %	3,0 %	15	2,2 %
im Gnadenwege	31	6,7 %	5,7 %	8,0 %	34	4,9 %
sonst. vorz. Entl.	9	2,0 %	1,5 %	2,5 %	13	1,9 %
Endvollstreckung	255	55,3 %	49,6 %	62,8 %	438	63,6 %
	461	100 %	100 %	100 %	689	100 %

Nimmt man Strafen statt Personen als Zähleinheit, so steigt der Anteil von Endvollstreckungen auf 63,6 %. Dies kann als Hinweis darauf gewertet werden, daß die Wahrscheinlichkeit einer vorzeitigen Entlassung bei nur einer zu vollstreckenden Strafe größer ist. Eine entsprechende Aufschlüsselung der Daten bestätigt dies. 50,4 % der Personen, an denen nur 1 Strafe zu vollstrecken war, wurden vorzeitig entlassen; dies war hingegen nur bei 37,5 % der Personen mit mindestens einer Anschlußstrafe der Fall.

2. Entlassungszeitpunkt

Auffallend niedrig ist der Anteil von Aussetzungen gemäß § 57 StGB an allen Entlassungen (vgl. schon o. Erster Teil I. und II.). Gründe hierfür könnten unmittelbar in einer restriktiven Aussetzungspraxis der Strafvollstreckungskammern zu suchen sein. Erklärungen könnten aber auch von

[7] Darin enthalten ist eine einzige Entlassung gemäß § 57 Abs. 2 StGB – freilich a. F., also vor ÄndG v. 13. 4. 1986 (BGBl. I 393). Diese wird im folgenden denen gemäß § 57 Abs. 1 StGB subsumiert, und es wird der Überschaubarkeit halber nicht mehr zwischen Entlassungen gem. § 57 Abs. 1 und solchen gem. § 57 Abs. 2 differenziert.

der Annahme einer geringen Zahl aussichtsreicher Aussetzungsanträge ausgehen[8], und zwar unter der Voraussetzung, daß mit zeitlich vorgelagerten Möglichkeiten der Entlassung (insb. §§ 455 a und 456 a StPO, aber auch Gnadenerweis) bereits ein erheblicher Teil derjenigen Gefangenen erfaßt werde, die überhaupt Aussichten auf eine Strafaussetzung gemäß § 57 Abs. 1 StGB haben, so daß Gefangene, die zum Zeitpunkt der „Zwei-Drittel-Vollstreckung" noch einsitzen, eine negative Selektion darstellten.

Ein erster Hinweis darauf, welcher dieser Erklärungsansätze den Berliner Gegebenheiten eher entspricht, folgt aus der Aufschlüsselung der verschiedenen Entlassungsarten nach dem Entlassungszeitpunkt, da nach November 1984 keine Entlassungen gem. § 455 a StPO mehr verzeichnet wurden. Würde es sich bei den gem. § 455 a StPO und den nach § 57 StGB Entlassenen um Gefangene vergleichbarer Gruppen handeln, dann wäre nach diesem Zeitpunkt ein Ansteigen der bedingten vorzeitigen Entlassungen gemäß § 57 StGB zu erwarten gewesen. Die Aufschlüsselung ergibt jedoch, daß im zweiten Untersuchungshalbjahr diesbezüglich keine signifikanten Änderungen eingetreten sind[9]. Die Zahl der Entlassungen im Gnadenwege stieg zwar nicht unerheblich (von 13 auf 18), die Zahl der Entlassenen gemäß § 57 StGB jedoch nur geringfügig an (von 29 auf 31). Insgesamt ging das Entlassungsvolumen nahezu um die Zahl der im vorangegangenen Halbjahr gemäß § 455 a StPO entlassenen Personen zurück[10]. Die Beendigung der Entlassungsaktion nach § 455 a StPO hatte somit wenig Auswirkungen auf die Anwendungspraxis der verbleibenden Aussetzungsmöglichkeiten. Insofern könnte erwogen werden, ob die verschiedenen Entlassungsmöglichkeiten relativ spezifischen Gruppen in der Gefangenenpopulation entsprechen.

3. *Aufgliederung und Abgrenzung der Gefangenenpopulation nach Entlassungsgrund*

Zur Präzisierung der vorgenannten Erwägung werden im folgenden Korrelationen zwischen Entlassungsgrund und Variablen dargestellt, die

---

[8] S. dazu etwa *Maack*, 1986.

[9] Die Qualifikation „signifikant" ist im Rahmen dieser Untersuchung stets auf dem Hintergrund eines entsprechenden Tests zu sehen. Eine signifikante Assoziation oder Korrelation wird nur dann behauptet, wenn ein Chi^2-Test ein Sicherheitsniveau von mindestens 95 % auswies. Entsprechend wird dann „keine Signifikanz" festgestellt, wenn die Fehlerwahrscheinlichkeit $\geq$ 5 % ist.

[10] Wenn hiernach gleichsam einer Austauschbarkeit zwischen den nach § 455 a StPO und den nach § 57 StGB vorzeitig Entlassenen weithin eher auszuschließen ist, so gilt dies unbeschadet des Umstandes, daß nach § 57 StGB grundsätzlich auch zu entscheiden ist, wenn die Vollstreckung nach § 455 a StPO unterbrochen wurde (s. hierzu KG NStZ 1983, S. 334).

die Gefangenen nach Vorbelastungen, sozialem Hintergrund und ihrer Situation während und nach der Haft beschreiben. Hierzu wurde die Stichprobe jeweils in eine Untersuchungs- und in eine Vergleichsgruppe dichotomisiert. Die Untersuchungsgruppe besteht aus all denjenigen Personen, die aufgrund jeweils einer bestimmten Rechtsvorschrift entlassen wurden; die Vergleichsgruppe umfaßt bei jedem der hier vorgenommenen Untersuchungsschritte jeweils die Gesamtheit der nicht aus diesem Grunde Entlassenen[11].

a) Gemäß § 57 StGB Entlassene

aa) Diese Gruppe wies gegenüber der Vergleichsgruppe (aus anderen Gründen vorzeitig Entlassene und Personen mit Endvollstreckung) Besonderheiten in der *Deliktsstruktur* auf. Raubdelikte sowie Betrug und Urkundenfälschung waren in der Untersuchungsgruppe mit 20,3 % bzw. 10,2 % gegenüber 6,0 % bzw. 3,3 % in der Vergleichsgruppe relativ häufig, BtMG-Verstöße sowie Diebstahlsdelikte hingegen mit 8,5 % bzw. 18,7 % gegenüber 17,0 % bzw. 32,0 % relativ selten. Diese Deliktsstruktur erklärt teilweise Unterschiede in der Straflänge: Gemäß § 57 StGB vorzeitig Entlassene waren tendenziell zu längeren Strafen verurteilt worden (s. Tab. 8).

Tabelle 8

Straflänge	Gem. § 57 Entlassene	Vergleichsgruppe
bis 9 Monate	21,7 %	33,7 %
9 bis 18 Monate	15,0 %	22,9 %
18 Monate bis 3 Jahre	31,7 %	25,7 %
über 3 Jahre	31,7 %	17,7 %

Im Lichte der insgesamt geringeren Häufigkeit an Vorverurteilungen der gemäß § 57 StGB Entlassenen (s. u. bb) überrascht es nicht, wenn bei dieser Gruppe im letzten ergangenen Urteil relativ selten (28,3 %) die Feststellung „einschlägig vorbestraft" gemacht wurde. Bei der Vergleichsgruppe war dies bei 52,6 % der Fall. Entsprechend fand § 48 StGB a. F. unterschiedlich häufig Anwendung. Hier liegen die Werte bei 6,7 % bzw. 30,2 %.

[11] Daran schlossen sich bivariate Analysen an. Hierdurch sichtbar gewordene Korrelationen sind überwiegend auf einem Niveau von $p \leq 0{,}01$ signifikant. Die der Beschreibung dienenden Variablen wurden nicht auf Interkorrelation geprüft. Redundanzen sind daher nicht auszuschließen.

bb) Hinsichtlich der *Vorverurteilung*[12] ergibt sich bei der Untersuchungsgruppe ein günstigeres Bild. 46,6 % wiesen keine und 25,9 % nur eine Vorverurteilung zu einer Freiheitsstrafe auf. Für die Vergleichsgruppe lag dieser Wert lediglich bei 24,6 % und 17,3 %. Vor der letzten Verurteilung in Haft verbrachte Zeiten waren bei den gemäß § 57 StGB Entlassenen ebenfalls kürzer (s. Tab. 9).

Tabelle 9

Frühere Inhaftierungen	Gem. § 57 Entlassene	Vergleichsgruppe
keine	71,2 %	38,9 %
bis 2 Jahre	18,6 %	29,8 %
über 2 Jahre	10,2 %	31,3 %

Geringfügig mehr belastet war die Vergleichsgruppe auch mit Jugendarresten. Hinsichtlich der Zahl der Jugend- und Geldstrafen zeichneten sich jedoch keine signifikanten Unterschiede ab.

cc) Mit der geringeren Zahl von Vorverurteilungen bei der Untersuchungsgruppe überschneidet sich teilweise der Befund einer geringeren Häufigkeit von *Bewährungswiderrufen;* bei 45,8 % war kein Bewährungswiderruf, bei 37,3 % ein, aber in keinem Fall waren mehr als zwei Widerrufe erfolgt. Bei der Vergleichsgruppe waren hingegen lediglich 26,7 % ohne Widerruf und immerhin 16,3 % mit mindestens zwei Widerrufen belastet.

dd) Die gemäß § 57 StGB Entlassenen waren, gemessen an der Vergleichsgruppe, im *Sozial-* sowie im *Leistungsbereich* einschließlich der Einkommensverhältnisse stärker *angepaßt* bzw. *integriert.* Zwar war der Unterschied hinsichtlich eines festen Wohnsitzes vor der Inhaftierung eher nur gering (83,3 % gegenüber 77 % bei der Vergleichsgruppe), jedoch fanden sich nur bei 3,3 % keine Hinweise auf kontinuierliche „soziale Beziehungen" (Vergleichsgruppe 23,8 %); insbesondere sollen relativ häufig gute Kontakte zu Eltern, einem „Partner" und eigenen Kindern bestanden haben[13].

Aus der Gruppe der gemäß § 57 Entlassenen wurden nur 22,5 % gegenüber 40,9 % in der Vergleichsgruppe als ohne Schulabschluß und lediglich 13,3 % gegenüber 31,9 % als berufslos bezeichnet; ferner fiel in der erstgenannten Gruppe der höhere Anteil im Bereich von „White-Collar"-Berufen auf (18,3 % gegenüber 6,8 %; zu gewissen Entsprechun-

---

[12] Maßgebend für die diesbezüglichen Daten war der Auszug des BZR.

[13] Hinsichtlich der Zahl eigener Kinder bestand jedoch zwischen den beiden Gruppen kein signifikanter Unterschied.

gen der Deliktsstruktur s. oben aa). Im einzelnen arbeiteten 35 % in einem Lehrberuf, keiner Berufstätigkeit bzw. nur gelegentlichen „Jobs" gingen 38,3 % nach; die entsprechenden Zahlen für die Vergleichsgruppe lagen bei 15,7 % bzw. 54,3 %. Zudem wiesen gemäß § 57 StGB entlassene Personen eine größere Stabilität hinsichtlich ihrer Berufstätigkeit auf, d. h. häufige Stellenwechsel waren seltener, und obwohl beide Gruppen relativ stark von Arbeitslosigkeit betroffen waren, befanden sich unter den gemäß § 57 StGB Entlassenen weniger Dauerarbeitslose. Vor der Inhaftierung waren von diesen 12,2 % länger als ein Jahr arbeitslos, von der Vergleichsgruppe immerhin 26,2 %. – Vorteilen in beruflicher Hinsicht entsprach eine günstigere ökonomische Situation. 68,3 % sollen ein monatliches Einkommen von mehr als DM 1000,— gehabt haben, von der Vergleichsgruppe dagegen nur 50,2 %.

ee) Während des *Vollstreckungszeitraums* bestanden ebenfalls signifikante Unterschiede der Anpassung bzw. Integration zwischen den beiden Gruppen. Von der Untersuchungsgruppe wurden überproportional viele Personen aus den Anstalten des offenen Vollzugs (Düppel und Spandau) sowie der JVA für Frauen entlassen; die relativen Häufigkeiten betrugen 58,3 % sowie 13,3 % gegenüber 23,2 % sowie 5,5 % bei der Vergleichsgruppe. Umgekehrt wurden Gefangene der Vollzugsanstalten Tegel und Moabit relativ selten gemäß § 57 StGB vorzeitig entlassen; die Zahlen betrugen hier 16,7 % und 6,7 % gegenüber 40,9 % und 22,9 % bei der Vergleichsgruppe.

Die gemäß § 57 StGB Entlassenen hatten zu größeren Anteilen als Gefangene der Vergleichsgruppe im Vollzug gearbeitet und dafür gute bis sehr gute Beurteilungen erhalten (s. Tab. 10). Weiterhin fällt auf, daß – obgleich bei der erstgenannten Gruppe insgesamt ein besserer Ausbildungshintergrund bestand – gemäß § 57 StGB Entlassene während der Haft stärker an Aus- und Fortbildungsmaßnahmen teilnahmen. Auch therapeutische Angebote („Gruppenarbeit", Entlassungstraining, Einzelgespräche, Alkohol- und Drogentherapie) wurden häufiger genutzt[14].

Hinsichtlich der Einhaltung der Anstaltsdisziplin ergaben sich keine signifikanten Unterschiede. Von Arrest – eine bei insgesamt nur 3,8 % der Gefangenen angewandte Maßnahme – und sonstigen Disziplinarmaßnahmen – immerhin bei insgesamt 18,8 % der Gefangenen verhängt – waren beide Gruppen in gleicher Weise betroffen. Bezüglich des Konsums von Rauschmitteln (Alkohol, harte und weiche Drogen, Medikamente) erga-

---

[14] Bei der Bewertung dieser Ergebnisse ist jedoch zu bedenken, daß sich der Gruppe der gemäß § 57 StGB Entlassenen – aufgrund längerer zu vollstreckender Strafen bei geringeren Vorbelastungen – überdurchschnittlich viele Angebote dieser Art geboten haben dürften.

Tabelle 10

Situation im Vollzug	Gem. § 57 Entlassene	Vergleichs-gruppe
während der Haft gearbeitet	94,7 %	78,5 %
pos. Beurt. d. Arbeit	63,0 %	37,7 %
Teiln. an Fort.-/Ausb.	24,1 %	11,9 %
Nutzung ther. Angeb.	53,5 %	34,6 %

ben sich ebenfalls keine signifikanten Unterschiede. Hingegen fällt auf, daß von den gemäß § 57 StGB Entlassenen keine einzige Personen als „offensichtlich renitent" kategorisiert wurde. Bezüglich der Person der Vergleichsgruppe ließ sich dieses dagegen (aufgrund von Andeutungen in den Stellungnahmen bzw. häufiger Eingaben und Beschwerden) bei immerhin 8,8 % annehmen.

Bezüglich des offenen Vollzuges zeigten sich ebenfalls signifikante Unterschiede. 84,7 % der gemäß § 57 StGB Entlassenen hatten sich im offenen Vollzug befunden, und bei nur 8,2 % war es zu einem Mißbrauch sowie anschließender Rückverlegung in den Regelvollzug gekommen; die entsprechenden Werte für die Vergleichsgruppe lagen bei 37,9 % und 33,1 %. – Insgesamt war bei den gemäß § 57 StGB Entlassenen die vorherige Gewährung von Ausgang bzw. Urlaub der Regelfall; 88,1 % war diese Erleichterung zugebilligt worden, 69,5 % bekamen auch über Nacht Urlaub. Bei der Vergleichsgruppe beliefen sich die entsprechenden Zahlen lediglich auf 39,4 % bzw. 27,3 %. Die gemäß § 57 StGB entlassenen Personen erhielten ferner nicht nur signifikant häufiger Ausgang bzw. Urlaub, sondern dieser verlief auch in aller Regel ohne Beanstandungen; bei nur 3,8 % wurde ein Mißbrauch irgendeiner Art festgestellt (für die Vergleichsgruppe lag diese Rate bei 28,8 %).

ff) Weiterhin deuten die Ergebnisse darauf hin, daß sich die insgesamt günstigere Situation der Untersuchungsgruppe auch *nach* der *Haft* fortsetzte. Wohnung und Arbeit schien bei diesen Personen fast immer vorhanden; die entsprechenden Werte lagen bei 96,6 % bzw. 80,4 %, für die Vergleichsgruppe jedoch nur bei 72,7 % bzw. 25,7 %. Bei nur 5 % der gemäß § 57 StGB Entlassenen gab es für den hier in Rede stehenden Zeitraum keine Hinweise auf fortdauernde „soziale Beziehungen" (Vergleichsgruppe 26,7 %); Eltern, Partner und eigene Kinder wurden hierbei besonders häufig angeführt. Allerdings waren die gemäß § 57 StGB Entlassenen in ähnlicher Weise wie die Vergleichsgruppe mit Schulden konfrontiert[15].

[15] Verläßliche Zahlenangaben waren nicht möglich, da den Akten der JVAen in mehr als 50 % der Fälle entsprechende Feststellungen nicht zu entnehmen waren.

b) Gemäß § 456 a StPO Entlassene

Bei dieser Gruppe handelt es sich entsprechend den formalen Anwendungsvoraussetzungen des § 456 a StPO um Nichtdeutsche, bezüglich deren ausländerrechtliche Maßnahmen angeordnet wurden. Die im folgenden wiedergegebenen Besonderheiten erklären sich teilweise aus sonstigen ausländerrechtlichen Spezialvorschriften[16], denen gemäß u. a. die Verurteilung jedenfalls bei schwerwiegenden Delikten häufig die Ausweisung zur Folge hat. – Bezüglich einer möglichen vorzeitigen Entlassung von Personen dieser Gruppe gemäß § 57 Abs. 1 StGB ergab sich, daß – mit Ausnahme absolut einer Person – alle, die zum Zeitpunkt der „Zwei-Drittel-Vollstreckung" noch nicht entlassen waren (51,5 %), einen Antrag auf Strafaussetzung gemäß § 57 Abs. 1 StGB gestellt haben; allerdings gab die JVA nur in 9,5 % der Fälle eine befürwortende Stellungnahme ab.

aa) Auch bei dieser Gruppe ergeben sich, relativ zu der Vergleichsgruppe (s. zur Methodik u. 3. a. A.), Auffälligkeiten bezüglich der der Verurteilung zugrundeliegenden *Delikte:* Verstöße gegen die sexuelle Selbstbestimmung, Raubdelikte und Straftaten nach dem BtMG dominierten (zusammen 85,3 %). Entsprechend wurden gegenüber diesen Personen in der Regel längere Freiheitsstrafen vollstreckt. Bei 67,6 % betrug die Strafe drei Jahre und länger (Vergleichsgruppe 15,7 %).

Die Feststellung „einschlägig vorbestraft" im letzten Urteil war selten (5,9 %; s. aber o. vor aa).

bb) Dagegen wies diese Gruppe (in den Grenzen der verwandten Datenquellen, s. o. vor aa) sowie allgemein o. I. 1) eine vergleichweise geringe Häufigkeit an *Vorverurteilungen* auf. Nur 15,2 % waren schon zu einem früheren Zeitpunkt zu Freiheitsstrafe und 33,3 % zu Geldstrafe verurteilt worden; lediglich 6 % hatten bereits Hafterfahrung. Die entsprechenden Anteile bei der Vergleichsgruppe lagen bei 77,1 %, 68,6 % und 60,9 %.

cc) Entsprechend selten waren Bewährungswiderrufe (10,0 %) sowie die Anwendung von § 48 StGB a. F. (0 %).

dd) Obgleich die gemäß § 456 a StPO Entlassenen durchschnittlich jünger als Personen der Vergleichsgruppe waren (59,4 % waren zwischen 21 und 30 Jahre alt), gab es keine signifikanten Unterschiede hinsichtlich der in der Untersuchung erfaßten Merkmale zum *Sozial-* und *Leistungs-*

[16] S. dazu §§ 13, 12 Abs. 1, S. 2, 10 Abs. 1 Rdn. 2 AuslG, aber auch – für den hier in Rede stehenden Fall des Absehens von der Strafvollstreckung einschränkend – Rdn. 9 a AuslG VwV zu § 10 betr. Straftaten nach dem BtMG. – Die Frage z. B. nach einer Integration im Sozial- und Leistungsbereich ist bei Verfahren nach § 456 a StPO wohl allenfalls eingeschränkt ein Kriterium.

bereich (vgl. aber auch Fn. 16). „Soziale Beziehungen" schienen in ähnlicher Häufigkeit und Intensität zu bestehen. Deutliche Unterschiede hinsichtlich schulischer und beruflicher Bildung, Berufstätigkeit, Stabilität des Arbeitsverhaltens ergaben sich nicht.

ee) Personen dieser Untersuchungsgruppe wurden überwiegend aus Tegel entlassen; nur absolut zwei Personen befanden sich im offenen *Vollzug*, und Ausgang bzw. Urlaub wurde in der Regel nicht gewährt.

Die gemäß § 456 a StPO Entlassenen nahmen relativ häufig Fort- und Ausbildungsangebote wahr (37,5 % gegenüber 12,0 % der Vergleichsgruppe). Hinsichtlich des disziplinarischen Verhaltens ergaben sich keine signifikanten Unterschiede.

c) Gemäß § 455 a StPO Entlassene

Entsprechend den formalen Voraussetzungen für Strafunterbrechungen nach § 455 a StPO waren nur Personen davon betroffen, denen gegenüber eine Strafe von bis zu 18 Monaten zu vollstrecken war.

aa) Mit der vorgenannten Voraussetzung stehen Besonderheiten der *Deliktsstruktur* in Zusammenhang. Etwas häufiger als in der Vergleichsgruppe waren Diebstahl ohne erschwerende Umstände sowie Trunkenheit im Straßenverkehr. Deutlich überrepräsentiert waren Unterhaltspflichtverletzungen (31,1 %) und Fahren ohne Führerschein (14,8 %); die entsprechenden Werte für die Vergleichsgruppe lagen bei 7,5 % bzw. 5,8 %.

Nach der Vielzahl der Vorverurteilungen (s. u. bb) lassen sich bei den einzelnen Personen relativ häufig Deliktsschwerpunkte innerhalb der vorgenannten Deliktsbereiche ausmachen. Entsprechend war bei 66,1 % im letzten Urteil die Feststellung „einschlägig vorbestraft" vermerkt (Vergleichsgruppe 46,8 %).

bb) Bei dieser Untersuchungsgruppe waren *Vorstrafen* in insgesamt vergleichsweise starkem Maße gegeben. Vorverurteilungen zu Freiheitsstrafe waren häufig (88,5 % gegenüber 70,1 % bei der Vergleichsgruppe), frühere Hafterfahrung überwog deutlich (70,5 % gegenüber 54,7 % bei der Vergleichsgruppe). – Auch bei Geldstrafen war eine signifikante Mehrbelastung dieser Untersuchungsgruppe festzustellen.

cc) Gleichfalls befanden sich die gemäß § 455 a StPO Entlassenen hinsichtlich *Bewährungswiderrufen* in einer erheblich negativeren Situation. Bei 85,2 % war mindestens eine Aussetzung widerrufen worden (gegenüber 68,5 % bei der Vergleichsgruppe).

dd) In bezug auf die *soziale Situation* gibt es bei den gemäß § 455 a StPO Entlassenen kaum Besonderheiten. Vor der Inhaftierung hatten sie etwas häufiger einen festen Wohnsitz. Zwar waren Kinder öfter als bei der

Vergleichsgruppe vorhanden, doch fehlt es an Hinweisen zu stärkerer Einbindung in „soziale Beziehung". Auch gab es keine Unterschiede bezüglich schulischer und beruflicher Ausbildung sowie der Berufstätigkeit.

ee) Hinsichtlich des *Vollzugsverlaufs* zeigte sich, daß Personen dieser Untersuchungsgruppe sich mehrheitlich zum Strafantritt selbst stellten (58,9 % gegenüber 24,9 % bei der Vergleichsgruppe). Sie wurden zudem überwiegend aus Anstalten des offenen Vollzugs entlassen.

65,0 % dieser Untersuchungsgruppe befanden sich im offenen Vollzug, bei nur 7,7 % wurde ein Mißbrauch sowie anschließende Rückverlegung in den Regelvollzug registriert (Vergleichsgruppe 40,9 % bzw. 31,6 %). Auch Ausgang bzw. Urlaub wurde häufiger gewährt (78,6 % gegenüber 62,2 %). – Gemäß § 455 a StPO Entlassene nahmen relativ selten Angebote der Fort- und Ausbildung sowie von Therapie wahr. Ihnen gegenüber wurden geringfügig seltener Disziplinarstrafen und -maßnahmen verhängt. Beide zuletzt genannten Besonderheiten dürften im Zusammenhang mit der durchschnittlich kürzeren Haftdauer stehen.

ff) In bezug auf die vermutliche Situation *nach* der *Haftentlassung* ergab sich bei Personen dieser Untersuchungsgruppe ebenfalls kein günstigeres Bild. Arbeit und Wohnung waren geringfügig häufiger vorhanden; hingegen schienen vergleichsweise hohe Schulden nicht selten zu sein.

d) Im Gnadenweg Entlassene

Ähnlich Strafunterbrechungen gemäß § 455 a StPO, werden Aussetzungen im Gnadenwege überwiegend bei kürzeren Strafen gewährt. Bei 38,7 % der Personen in dieser Untersuchungsgruppe betrug die Strafzeit weniger als 9 Monate, bei 54,8 % weniger als ein Jahr. In 46,7 % der Fälle handelte es sich hierbei um Strafen, die gemäß § 56 StGB bereits ausgesetzt waren (Vergleichsgruppe 21,8 %).

aa) Hinsichtlich der *Delikte* war Diebstahl leicht unter-, hingegen Fahren ohne Führerschein leicht überrepräsentiert. – Bezüglich der Vorverurteilungen (s. u. bb) sind durchaus Deliktsschwerpunkte erkennbar, jedoch finden sie sich überwiegend in Bereichen, die nicht in Zusammenhang mit der letzten Verurteilung stehen (z. B. lag in 46,7 % der Fälle der Deliktsschwerpunkt im Bereich Diebstahl). Entsprechend wurden diese Personen im letzten Urteil vergleichsweise selten als „einschlägig vorbestraft" bezeichnet.

bb) *Vorverurteilungen* waren bei den meisten Personen dieser Untersuchungsgruppe vorhanden, und die Sanktionen (80 % Freiheitsstrafe, 50 % frühere Freiheitsstrafvollstreckungen, 72 % Geldstrafen) erschienen insgesamt etwas gravierender als bei der Vergleichsgruppe.

cc) Bei 86,2 % der im Gnadenweg Entlassenen lagen Bewährungswiderrufe vor.

dd) Hinsichtlich des *Sozial-* und des *Leistungsbereichs* schienen Personen dieser Untersuchungsgruppe etwas besser angepaßt bzw. integriert zu sein als die Vergleichsgruppe: „Soziale Kontakte" waren häufiger, das Niveau schulischer Bildung höher, die Arbeitssituation etwas günstiger.

ee) Bezüglich der *Haftsituation* arbeiteten die im Gnadenwege Entlassenen seltener (65,4 % gegenüber 81,6 %). Disziplinarische Verstöße, insbesondere der Mißbrauch von „Vollzugslockerungen", waren weniger häufig.

ff) Bezüglich der voraussichtlichen Situation *nach* der *Entlassung* wies diese Gruppe wenig Besonderheiten auf. Eine Wohnmöglichkeit bestand etwas häufiger, ein Arbeitsplatz seltener als bei der Vergleichsgruppe.

4. Vergleich der nach Entlassungsgründen zusammengefaßten Gefangenengruppen

Die Aufgliederung der Personen der Stichprobe nach der Rechtsgrundlage der Entlassung zeigte, daß die daraus resultierenden Gefangenengruppen sich in jeweils signifikanter Weise von der Restpopulation unterscheiden. Der Vergleich dieser Gruppen untereinander gibt Hinweise darauf, wo ihre jeweiligen Besonderheiten liegen (s. Tab. 11).

Straflänge und – damit verbunden – Art des zugrundeliegenden Strafnormbruchs können als übergreifende Kriterien zur Abgrenzung der Entlassungsgruppen angesehen werden. So waren u. a. Personen mit mehr als 18 Monaten zu vollstreckender Freiheitsstrafe oder Verurteilungen wegen Straftaten gegen Leben, Gesundheit, sexuelle Selbstbestimmung und wegen Verstößen nach dem BtMG grundsätzlich von Unterbrechungen gemäß § 455 a StPO ausgenommen, Ausländer mit weniger als 18 Monaten zu vollstreckender Freiheitsstrafe hingegen von Entlassungen gemäß § 456 a StPO. Bei den gemäß § 57 StGB Entlassenen überwogen ebenfalls Freiheitsstrafen längerer und mittlerer Dauer, bei den nach einem Gnadenerweis Entlassenen solche kürzerer und mittlerer Dauer. Bereits hierdurch wird deutlich, daß Deckungsgleichheiten zwischen den einzelnen Entlassungsarten gering sind.

Auch darüber hinaus setzen sich die Gruppen in abgrenzbarer Weise voneinander ab. Die Gruppe der gemäß § 57 StGB Entlassenen wies hinsichtlich ihrer Lage vor der Inhaftierung, der Situation während der Haft und auch der zu erwartenden Lebensumstände nach der Entlassung die weitaus günstigsten Bedingungen auf; bezüglich Vorverurteilungen schienen (s. aber o. 3. b) sich lediglich gemäß § 456 a StPO entlassene Nichtdeutsche in einer besseren Position zu befinden. Auch bei den auf

Tabelle 11

	Entlassene gem. §57	§456a	§455a	Gnaden-erweis	End-vollstr.
Situation v. Inhaftierung					
– ohne „soz. Beziehungen"	3,3 %	20,0 %	23,2 %	16,0 %	25,0 %
– ohne Wohnung	16,7 %	30,0 %	6,7 %	20,0 %	25,7 %
– ohne Schulabschluß	22,5 %	40,0 %	45,0 %	14,3 %	45,1 %
– ohne Beruf	13,3 %	30,0 %	26,7 %	26,7 %	33,5 %
– ohne (feste) Tätigkeit	38,3 %	54,8 %	48,3 %	41,7 %	56,6 %
Vorbelastungen					
– Freiheitsstrafe(n)	53,4 %	15,2 %	88,5 %	80,0 %	80,0 %
– Inhaftierung	28,8 %	6,0 %	70,5 %	50,0 %	67,1 %
– Bewährungswiderruf(e)	54,2 %	10,0 %	85,2 %	86,2 %	76,0 %
– §48 angewandt	6,7 %	0,0 %	25,0 %	27,6 %	35,3 %
Straflänge					
– unter 9 Monate	21,7 %	0,0 %	59,0 %	38,7 %	32,5 %
– über 3 Jahre	31,7 %	67,6 %	0,0 %	9,7 %	16,5 %
Situation während Haft					
– Arbeit	94,7 %	77,4 %	84,4 %	65,4 %	78,9 %
– Fort-/Ausbildung	24,1 %	37,5 %	2,1 %	11,5 %	11,7 %
– Therapie	53,5 %	26,3 %	13,2 %	33,3 %	38,0 %
– Ausgang/Urlaub	88,1 %	7,0 %	55,4 %	66,7 %	64,6 %
– – darunter Mißbrauch	3,8 %	0,0 %*	18,6 %	15,8 %	33,5 %
– offener Vollzug	84,7 %	7,0 %	65,0 %	32,3 %	37,8 %
– – darunter Mißbrauch	8,2 %	50,0 %*	7,7 %	11,1 %	45,6 %
Situation nach Haft					
– ohne „soz. Beziehungen"	5,0 %	?	25,5 %	7,4 %	29,5 %
– ohne (sichere) Wohnung	3,4 %	?	15,3 %	7,4 %	31,2 %
– ohne (feste) Arbeit	19,6 %	?	58,0 %	66,7 %	77,9 %

* Aufgrund geringer abs. Zahlen nicht aussagekräftig.

dem Gnadenwege vorzeitig Entlassenen lag – mit Ausnahme der hohen Rate von Vorverurteilungen – noch eine vergleichsweise günstige Situation vor. Nahezu ähnlich negativ wie bei Personen mit Endvollstreckungen erschienen die Umstände hingegen bei der Gruppe der gemäß §455a StPO Entlassenen, die sich gegenüber den Erstgenannten allein mit höheren Anteilen im offenen Vollzug bei einer geringeren Mißbrauchsquote positiv absetzte. Für gemäß §456a StPO entlassene Nichtdeutsche ergab sich u. a. im Zusammenhang mit speziellen ausländerrechtlichen Vorschriften (vgl. Fußn. 16) eine eher negative Lage während der Haft und eine unbestimmte Situation nach Entlassung.

5. Verweigerung der Zustimmung zu einer bedingten Reststrafaussetzung

Eine weitere Erklärung für die geringe Quote von Aussetzungen gemäß §57 StGB könnte in einer hohen Zahl von Zustimmungsverweigerungen durch Gefangene zu finden sein. 17,6 % der Gefangenen waren bereits so frühzeitig aus der Haft entlassen (es betrifft die überwiegende Zahl der gemäß § 455 a StPO und etwa die Hälfte der gemäß § 456 a StPO oder im Gnadenweg Entlassenen), daß sich eine Anfrage durch die Anstalt bezüglich ihrer Haltung zu einer Strafaussetzung gemäß § 57 StGB erübrigte. Von den noch in Haft befindlichen Gefangenen stellten nach den Ergebnissen der Untersuchung 56,9 % einen Antrag auf vorzeitige Entlassung, 3,7 % erklärten sich mit einer solchen lediglich einverstanden und 39,4 % lehnten diese ab.

Als Motiv für Zustimmungsverweigerungen wird üblicherweise angenommen, Betroffene mit kurzen Strafen würden eine Endvollstreckung

Tabelle 12

	Zustimmungsverweig. Insg.	Strafe <1 J.	Antrag Gem. § 57	Entlassung Gem. § 57
Situation v. Inhaftierung				
– ohne „soz. Beziehungen"	36,4 %	41,3 %	11,4 %	3,3 %
– ohne Wohnung	30,8 %	26,2 %	17,1 %	16,7 %
– ohne Schulabschluß	39,3 %	37,0 %	38,3 %	22,5 %
– ohne Beruf	31,9 %	29,7 %	26,2 %	13,3 %
– ohne (feste) Tätigkeit	63,2 %	67,2 %	47,5 %	38,3 %
– keine berufl. Stabilität	80,3 %	85,2 %	63,4 %	51,7 %
Vorbelastungen				
– Freiheitsstrafe(n)				
– – keine	18,4 %	17,7 %	32,4 %	46,6 %
– – 2 und 3	27,2 %	34,2 %	28,6 %	36,2 %
– – mehr als 3	54,4 %	48,1 %	39,0 %	17,2 %
– frühere Inhaftierung				
– – keine	29,3 %	29,1 %	51,0 %	71,2 %
– – bis 3 Jahre	39,4 %	43,0 %	31,4 %	23,7 %
– – 3 Jahre u. länger	31,3 %	27,9 %	17,6 %	5,1 %
– Bewährungswiderruf(e)				
– – keine	24,0 %	22,8 %	33,5 %	45,8 %
– – 1 Widerruf	43,2 %	50,6 %	35,4 %	37,3 %
– – mehr als 1 Widerruf	32,8 %	26,6 %	31,1 %	16,9 %
Letzte Verurteilung				
– Delikte				
– – Diebstahl (einschl. schw. Db.)	40,9 %	*	23,9 %	18,6 %
– – räuberische Delikte	4,0 %	*	11,7 %	20,3 %
– – unerlaubtes Fahren eines Kfz	3,4 %	*	8,5 %	8,5 %
– – Betrug/Urkundenfälschung	4,0 %	*	4,7 %	10,2 %
– – BtMG-Verstöße	14,8 %	*	16,4 %	8,5 %
– „einschlägig vorbestraft"	62,3 %	60,3 %	41,0 %	28,3 %
– Anwendung § 48 StGB	38,9 %	26,2 %	21,1 %	6,7 %
– Straflänge				
– – unter 9 Monate	43,6 %	*	22,3 %	21,7 %
– – 9 bis 18 Monate	23,5 %	*	19,6 %	15,0 %
– – 18 Mon. bis 3 Jahre	24,2 %	*	30,7 %	31,6 %
– – 3 Jahre und länger	8,7 %	*	27,4 %	31,7 %
Situation während Haft				
– Arbeit	76,1 %	65,8 %	83,4 %	94,7 %
– Fort-/Ausbildung	6,9 %	0,0 %	19,6 %	24,1 %
– Therapie	34,7 %	26,0 %	45,3 %	53,5 %
– Ausgang/Urlaub	58,6 %	60,3 %	75,7 %	88,1 %

	Zustimmungsverweig. Insg.	Strafe <1 J.	Antrag Gem. § 57	Entlassung Gem. § 57
– – darunter Mißbrauch	30,4 %	28,6 %	20,3 %	3,8 %
– offener Vollzug	33,6 %	39,2 %	54,9 %	84,7 %
– – darunter Mißbrauch	33,3 %	17,2 %	30,4 %	8,2 %
– Alter z. Ztpkt. d. ⅔-Verbüßung				
– – unter 25 Jahre	9,5 %	12,5 %	12,2 %	10,0 %
– – 25 bis 45 Jahre	68,2 %	62,5 %	78,0 %	83,3 %
– – über 45 Jahre	22,3 %	25,0 %	9,8 %	6,7 %
– Disziplinarmaßnahmen	17,4 %	8,8 %	20,5 %	11,7 %
– Konsum von Rauschmitteln	11,9 %	9,0 %	17,3 %	10,0 %
Situation nach Haft				
– ohne „soz. Beziehungen"	38,3 %	47,8 %	13,7 %	5,0 %
– ohne (sichere) Wohnung	38,1 %	37,7 %	17,7 %	3,4 %
– ohne (feste) Arbeit	82,9 %	80,6 %	55,8 %	19,6 %

* Entsprechender Wert erübrigt sich, bzw. ist nicht sinnvoll.

der anhaltenden Kontrolle (wie sie eine Aussetzung zur Bewährung in der Regel darstellt) im Falle einer bedingten Aussetzung vorziehen und/oder Betroffene würden (unabhängig von der Straflänge) eine ablehnende Gerichtsentscheidung gedanklich und sozial antizipieren und die damit verbundenen Belastungen und Folgen vermeiden wollen[17]. In Tabelle 12 werden Zustimmungsverweigerer insgesamt, Zustimmungsverweigerer mit Strafen von unter 1 Jahr, Gefangene, die einen Antrag auf vorzeitige Entlassung stellten, und schließlich solche, die tatsächlich gemäß § 57 StGB entlassen worden sind, einander gegenübergestellt. Danach spielte das erstgenannte Motiv für Zustimmungsverweigerungen nur eine untergeordnete Rolle, denn Verweigerer mit kurzen Strafen (< 1 Jahr) unterschieden sich insgesamt nicht auffallend von der Gesamtheit der Zustimmungsverweigerer. Unabhängig von der Straflänge wiesen Verweigerer vergleichsweise ungünstige Umstände vor der Inhaftierung, gravierende Vorbelastungen und eine voraussichtlich negative Situation nach der Entlassung auf. Geringfügige Unterschiede hinsichtlich des Vollzugsgeschehens waren vermutlich eher Folge der unterschiedlichen Haftdauer als Ausdruck spezifischen Verhaltens.

Zustimmungsverweigerungen erscheinen somit überwiegend als Strategie zur Vermeidung negativer Entscheidungen. Dies ist im Rahmen der Fragestellung der Untersuchung bedeutsam, denn Verweigerungen resul-

[17] Ggf. wird auch die gnadenweise Entlassung anläßlich des Weihnachtsfestes, bei der eine Bewährungszeit wegfällt, bevorzugt (zumal soweit sie mitunter eine zeitliche Einsparung bringt).

Für die Möglichkeit, daß Gefangene ein Leben in Haft einem solchen in Freiheit vorziehen, liegen keine quantifizierbaren Anhaltspunkte vor (zur Situation nach Entlassung vgl. § 125 StVollzG).

tierten in dem genannten Ausmaß nicht (nur) aus einem persönlichen „Kosten-Nutzen-Überschlag" einer bedingten Aussetzung durch den Gefangenen, sondern wiesen mehr auf das tatsächliche Entscheidungsverhalten der Vollstreckungskammern bzw. auf die unter Gefangenen vermittelten Erfahrungen hiervon: Tatsächlich belegt Tabelle 12 bei allen Variablen, denen eine prognostische Qualität zukommt, ein deutliches Gefälle von Verweigerern über Antragsteller, hin zu den tatsächlich gemäß § 57 StGB Entlassenen. Danach erscheint Zustimmungsverweigerung überwiegend als eine „Selbstauslese" von Personen, die – unter den herrschenden Kriterien für positive Aussetzungsentscheidungen durch die Vollstreckungskammern – objektiv kaum Chancen auf eine bedingte Entlassung haben. Umgekehrt stellten die gemäß § 57 StGB Entlassenen auf der anderen Seite des Spektrums diejenige (kleine) Auslesegruppe von Gefangenen dar, die aufgrund von Anpassungs- bzw. Integrationsgraden vor und während der Inhaftierung und entsprechenden Chancen nach Entlassung eine besonders günstige Prognose zuläßt.

6. Abgrenzung der Gefangenen anhand von Indizes

Im Unterschied zu der Abgrenzung der Gefangenenpopulation auf dem Hintergrund einer Vielzahl bivariater Analysen bieten Indizes die Möglichkeit, diese zusammenzufassen und zu veranschaulichen[18]. Für die vorliegende Untersuchung wurden drei Indizes konstruiert:

- ein Sozialindex mißt Aspekte der sozialen Integration und Anpassung (schulische und berufliche Ausbildung, Vorhandensein „sozialer Beziehungen", praktizierter Beruf und Stabilität bei Ausübung, Wohnsituation und ökonomische Lage sowie voraussichtliche Wohn- und Arbeitssituation, „soziale Beziehungen" nach der Entlassung)[19],

---

[18] Indizes zeichnen sich weiterhin – trotz erheblicher subjektiver Momente bei ihrer Zusammenstellung und Interpretation – dadurch aus, daß sie eine größere Komplexität widerspiegeln, indem unterschiedliche Dimensionen in einer einzigen Variablen zusammengefaßt werden. Dies geschieht, indem den Ausprägungen der in einem Index enthaltenen Variablen jeweils ein Zahlenwert zugeordnet wird (z. B. keine Vorverurteilung zu einer Freiheitsstrafe enthält 2, eine und zwei Verurteilungen 1 und mehr als zwei Verurteilungen 0). Sodann werden für jeden Fall die Werte addiert. Die Klassifikation der Fälle erfolgt schließlich nach der jeweils erreichten Punktzahl.

[19] Die Auswahl der in die Indizes einzugehenden Variablen erfolgte anhand der vorausgegangenen bivariaten Analyse. Nur solche wurden ausgewählt, bei denen signifikante Korrelationen mit den Entlassungsgründen deutlich geworden sind. Die Gewichtung der einzelnen Variablen innerhalb der Indizes erfolgte jedoch nicht entsprechend der Stärke dieser Korrelationen, sondern orientierte sich an allgemeinen kriminologischen Prognosekriterien (vgl. o. I Fn. 1).

- in einen Legalindex gingen strafrechtsbezogene „Vorbelastungen" ein (Freiheitsstrafen, Jugendstrafen, Jugendarreste, nach früheren Verurteilungen in Haft verbrachte Zeit, Einschlägigkeit, Anwendung des § 48 StGB a. F., Bewährungswiderrufe),
- ein Haftindex schließlich mißt Verhalten und Situation während der Inhaftierung (Arbeit und deren Bewertung, Nutzung von Möglichkeiten der Fort- bzw. Ausbildung und Therapie, Verhängung von Disziplinarmaßnahmen und -strafen, Konsum von Rauschmitteln, Stigmatisierung der Gefangenen als „renitent", Gewährung bzw. Mißbrauch von „Vollzugslockerungen").

Da in der vorliegenden Untersuchung die maximale Punktzahl (sie entspricht einem hohen Grad sozialer Anpassung etc., „positivem" Verhalten im Vollzug, dem Fehlen von „Vorbelastungen") zwischen den Indizes differiert, wurden sie auf jeweils zehn Wertebereiche standardisiert. Abschließend wurden ein Gesamtindex gebildet, in den die einzelnen Indizes bei jeweils gleicher Gewichtung eingingen[20].

Tabelle 13 enthält Signifikanzniveau und Stärke der Korrelationen zwischen Indizes und Entlassungsart. Hierbei ist die Signifikanz untergliedert in Sicherheitsniveau größer 95,0 % (*), größer 99,5 % (**) und größer 99,95 % (***). Die Korrelationsstärke ist dem Gammawert zu entnehmen.

Tabelle 13

	Sozial-index	Legal-index	Haft-index	Gesamt-index
Entlassungsart				
– nach § 57	+ 0,68***	+ 0,44***	+ 0,73***	+ 0,83***
– nach § 455 a	—	– 0,23*	+ 0,24*	—
– nach § 456 a	—	+ 0,91***	– 0,59***	– 0,01**
– im Gnadenweg	—	– 0,01*	—	—
– Endvollstreckung	– 0,27***	– 0,31***	– 0,19**	– 0,37***
Haltung d. Gef. zu Strafauss. gem. § 57	– 0,39***	– 0,27***	– 0,31***	– 0,44***

a) Tabelle 13 bestätigt in konzentrierter Form die vorangegangenen Untersuchungsergebnisse. Hohe Werte in allen drei Einzelindizes wie auch in dem Gesamtindex fallen deutlich mit Entlassungen gemäß § 57 StGB zusammen. Stark negative Korrelationen werden hingegen bei der Gruppe mit Endvollstreckung sichtbar. Differenzierter ist das Bild bei Entlassungen gemäß §§ 455 a und 456 a StPO. Nichtdeutsche Gefangene

[20] Hierfür gibt es keine zwingende theoretische oder praktische Begründung. Der Gesamtindex muß somit, mehr noch als die in ihn einfließenden Einzelindizes, als Modell betrachtet werden.

weisen aufgrund ihrer insgesamt geringen „Vorbelastungen" sehr hohe Legalindex-Werte auf, niedrige hingegen beim Haftindex. Bei gemäß § 455 a StPO Entlassenen ist das Verhältnis spiegelverkehrt: Geringe Werte im Legalindex werden durch vergleichsweise hohe im Haftindex ausgeglichen. Abgesehen von einer schwachen, negativen Korrelation mit dem Legalindex sind im Gnadenwege Entlassene nicht von der Gesamtheit der aus anderen Gründen Entlassenen zu unterscheiden. Signifikante, negative Korrelationen zwischen Indizes und Haltung der Gefangenen zu einer bedingten Aussetzung gemäß § 57 StGB bestätigen ebenfalls vorangegangene Ergebnisse. Gefangene, die ihre Zustimmung verweigern, weisen in der Regel deutliche Negativ-Ausprägungen auf[21].

b) Die Aufstellung von Indizes gestattet zugleich den Versuch, die Zahl derjenigen Gefangenen abzuschätzen, welche – wäre nicht ihre vorzeitige Entlassung aus anderen Gründen erfolgt – Chancen auf eine bedingte Entlassung nach § 57 StGB gehabt hätten. Das Schaubild illustriert, in welchen Wertebereich der Meßskala der Gesamtindex-Wert des überwiegenden Teiles der Personen einer Entlassungsart fiel[22]. Die in die Balken eingetragenen Ziffern bezeichnen den jeweiligen Durchschnittswert. Der durchlaufende senkrechte Strich markiert den Schnittpunkt, jenseits dessen – nach dem hier zugrundegelegten Modell – die Wahrscheinlichkeit einer positiven Entscheidung in einem Verfahren gemäß § 57 StGB größer als 50 % gewesen wäre. Der Anteil dieser Personen an

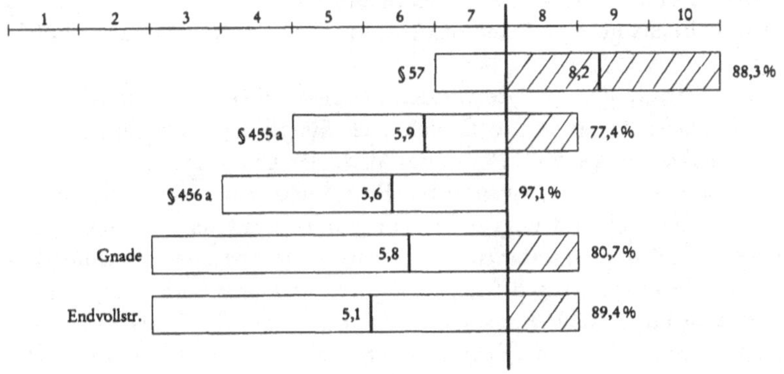

[21] Bezüglich Interkorrelationen zwischen den Indizes sei angemerkt: Eine signifikante (positive) Korrelation bestand nur zwischen Haft- und Sozialindex (Gamma = 0,42).

[22] Beispielsweise lag bei 97,1 % der gemäß § 456 a StPO Entlassenen der Wert zwischen 3 und 7; bei 2,9 % der Personen lag er tiefer oder höher.

den Entlassenen einer Entlassungsart ist als schraffierter Balkenteil dargestellt.

In Zahlen ausgedrückt bedeutet dies: Von den gemäß §§ 455 a, 456 a StPO oder im Gnadenweg vorzeitig Entlassenen der Stichprobe hatten insgesamt lediglich 21 einen Gesamtindex-Wert von 8 oder mehr (das entspricht 16,5 %). Von der Gruppe mit Endvollstreckung waren es 39 (oder 15,3 %)[23]. Ohne vorzeitige Entlassungen im Gnadenwege und Unterbrechungen gemäß §§ 455 a und 456 a StPO würde somit der Anteil bedingter Strafrestaussetzungen nach § 57 StGB von den festgestellten 13 % auf etwa 18 % ansteigen; würde man Zustimmungsverweigerer mit entsprechend hohen Gesamtindex-Werten hinzuzählen, dann wüchse der Anteil weiter auf etwa 21 %[24]. Die hier angestellten Modellrechnungen bestätigen somit zwar nicht uneingeschränkt, wohl aber wesentlich bereits mitgeteilte Ergebnisse unserer Untersuchung insofern, als Gefangene, bei denen eine positive Entscheidung in Verfahren gemäß § 57 StGB erwartet werden könnte, sich nur in geringer Zahl unter den nach anderen Gründen Entlassenen finden.

7. *Zusammenfassung*

Ausgangspunkt dieses Untersuchungsteils war die Feststellung, daß für den Untersuchungszeitraum die Quote vorzeitiger bedingter Entlassungen gemäß § 57 StGB in Berlin 13 % betrug. Zählt man vorzeitige Entlassungen aus anderen Gründen hinzu, so steigt der Anteil auf 44,8 %. Vergleicht man diese Werte mit denen anderer Länder (s. Erster Teil, I. u. II.), so ist die geringe Rate von Aussetzungen gemäß § 57 StGB auffallend.

Im Verlaufe der Analyse wurden mehrere Erklärungen hierfür überprüft. Dabei erwies sich, daß auch nach Einstellung von Strafunterbrechungen gemäß § 455 a StPO in der Mitte des Untersuchungszeitraumes die Rate positiver „Zwei-Drittel-Entscheidungen“ nicht signifikant anstieg. Dadurch und aufgrund nachfolgender bivariater Analysen wurde deutlich, daß der auf instanziellen Entscheidungen beruhenden Untergliederung der Gefangenen (nach dem jeweiligen Grund ihrer Entlassung) Besonderheiten hinsichtlich Anpassung bzw. Integration im Sozial- und Leistungsbereich vor und (eingeschränkt) während der Inhaftierung und

---

[23] Dabei ist allerdings zu beachten, daß von diesen 39 Personen 13 eine Aussetzung ablehnten und die Strafe vollständig vollstreckt wurde.

[24] Da die hier untersuchte Stichprobe nur solche Fälle enthält, die die formalen Voraussetzungen für eine bedingte Aussetzung des Strafrestes erfüllen, ist auch dies noch ein vergleichsweise geringer Wert (s. etwa *Böhm/Erhard* 1984, und dazu o. S. 18).

auch der zu erwartenden Lebensumstände nach Entlassung entsprechen. Folgerung hieraus ist die Feststellung, daß solche Erklärungen für die geringe Quote von Aussetzung gemäß § 57 StGB, die von einer weitgehenden Austauschbarkeit der nach den verschiedenen Rechtsvorschriften vorzeitig Entlassenen ausgehen, nicht (hinreichend) geeignet sind. Vielmehr hat die Analyse des Verhältnisses von Gefangenen-Besonderheiten und Entlassungsart anhand von Indizes veranschaulicht, daß nach § 455 a StPO und im Gnadenweg Entlassene insbesondere keine positive Selektion gegenüber der Gesamtpopulation darstellen, dies vielmehr allein für die nach § 57 StGB entlassenen Personen zutrifft.

Die geringe Quote von Strafrestaussetzungen gemäß § 57 StGB kann ebenfalls nicht ursächlich mit dem hohen Anteil von Zustimmungsverweigerungen in Berlin in Verbindung gebracht werden, da Ablehnungen einer bedingten Aussetzung überwiegend durch solche Personen erfolgen, die den für positive Gerichtsentscheidungen verwandten Maßstäben und Kriterien („Gefangenenprofil") nicht entsprechen. Variablen, die dieses Profil bestimmen, sind jedoch nur zu einem *geringeren Teil durch* den *Vollzug* und das Verhalten der Gefangenen während des Vollzuges *zu beeinflussen.*

III. Entscheidungspraxis bei Anträgen auf bedingte Aussetzung des Strafrests gemäß § 57 Abs. 1 StGB

Im Unterschied zu der geringen Quote von Gefangenen, die nach § 57 StGB vorzeitig entlassen wurden (s. o. II.), kommt Verfahren gemäß § 57 Abs. 1 StGB in der Praxis ein umfangreicher Stellenwert zu. Nahezu 60 % der Gefangenen, die die formalen Voraussetzungen für eine „Zwei-Drittel-Entscheidung" erfüllten, stellten einen entsprechenden Antrag. (In diesen Fällen hat die zuständige Strafvollstreckungskammer die Voraussetzungen des § 57[1] zu prüfen; vor der Entscheidung durch die StVK erhalten Staatsanwaltschaft, Vollzugsanstalt und der Verurteilte rechtliches Gehör[2].)

Nach h. M. hat § 57 Abs. 1 S. 1 Nr. 2 StGB „nur den Sinn, mit Rücksicht auf die Gegebenheiten des Vollzugs gegenüber § 56 Abs. 1 StGB die Anforderungen an die Täterprognose abzumildern"[3]; „es wird also keine positive Prognose wie in § 56 verlangt, sondern, weil man schwer beurteilen kann, wie sich ein unfreier Mensch in der Freiheit verhalten wird, und weil eine ausdrückliche negative Prognose den Abgelehnten psychologisch nachteilig beeinflussen könnte... reicht die Überzeugung des Gerichts aus, daß jetzt eine Chance gegeben ist, der Verurteilte werde die kritische Probe bestehen"[4]. Die erforderliche Prognose „setzt nicht die Erwartung, d. h. die durch Tatsachen begründete Wahrscheinlichkeit, künftig straffreier Führung voraus", vielmehr kommt es darauf an, ob „nach der Überzeugung des Gerichts eine Bewährungschance besteht und daß deshalb im Interesse der konsequenten Rückführung des Verurteilten in die Freiheit das Risiko seiner Entlassung auch bei Berücksichtigung des Sicherheitsbedürfnisses der Allgemeinheit vertretbar erscheint"[5]. Auf eine Wahrscheinlichkeit zukünftiger Legalbewäh-

---

[1] Im einzelnen lautet § 57 Abs. 1 S. 1 Nr. 2: „Wenn ... verantwortet werden kann zu erproben, ob der Verurteilte außerhalb des Strafvollzuges keine Straftaten mehr begehen wird"; § 57 Abs. 1 S. 2 lautet: „Bei der Entscheidung sind namentlich die Persönlichkeit des Verurteilten, sein Vorleben, die Umstände seiner Tat, sein Verhalten im Vollzug, seine Lebensverhältnisse und die Wirkungen zu berücksichtigen, die von der Aussetzung für ihn zu erwarten sind".

[2] S. im einzelnen dazu die Regelungen des § 454 StPO.

[3] *Lackner*, 1985, § 57 2. b).

[4] *Dreher-Tröndle*, 1985, § 57 Rdn. 6.

[5] *Lackner*, 1985, § 57 Anm. 2. b). Nach *Schönke-Schröder (Stree)*, 1985, § 57 Rdn. 12 muß „ausreichend ... eine Prognose sein, bei der unter Berücksichtigung der Bewährungshilfen (Weisungen, Bewährungshelfer) die begründete Aussicht auf Resozialisierung des Täters besteht".

rung kommt es somit nicht an[6], da dem Wesen der bedingten Straf(rest)-aussetzung das Eingehen eines Risikos immanent ist. – Gleichfalls nach h. M. spielt „bei dem Risiko, das das Gericht mit der Aussetzung eingeht" eine Rolle, „welcher Art die Straftaten sein könnten, die bei einem Fehlschlagen des Wagnisses von dem Verurteilten zu erwarten wären"[7]; dem entspricht es, daß die Judikatur strengere Maßstäbe etwa dann anlegt, wenn die Tat die Mißachtung des Lebens und der Gesundheit anderer dokumentiert hat. Im übrigen wird bei Personen mit Erstvollstreckung, sofern dem nicht gewichtige Gründe entgegenstehen, die ausschlaggebende Überzeugung des Gerichts von der bezeichneten Chance zukünftiger Legalbewährung in der Regel angenommen[8].

Unstreitig ist das Gericht, sofern die erwähnten Voraussetzungen des § 57 Abs. 1 StGB vorliegen, *verpflichtet*, den Strafrest auszusetzen (s. aber auch u. Fn. 12).

1. Stellungnahmen der Justizvollzugsanstalten

Die Vollzugsanstalten befürworteten bei 35,6 % der Gefangenen der Stichprobe eine Aussetzung der Reststrafe, bei 44,1 % lehnten sie dieses ab, und bei den übrigen 20,3 % wurde eine neutrale Äußerung abgegeben. In den Stellungnahmen kamen überwiegend Teilanstaltsleiter und zuständiger Gruppenleiter zu Wort (64,8 %). In der Regel stimmten beide in ihrer Empfehlung an die StVK überein (89,9 %). War dies nicht der Fall, so tendierten Gruppenleiter zu einer wohlwollenderen Beurteilung. Bei weniger als 2 % widersprachen die Empfehlungen einander direkt (in diesen Fällen war der Gruppenleiter für und der Teilanstaltsleiter gegen eine Aussetzung).

Die Stellungnahmen waren hinsichtlich Informationsgehalt, Umfang und Grad, in dem sie auf den Verurteilten und seinen Hintergrund abgestimmt haben, durchaus unterschiedlich. Nimmt man ausführliche Stellungnahmen sowie in den Akten enthaltene Informationen zum Maßstab, so ergaben sich bei 27,5 % der Stellungnahmen Mängel und weitere 20,9 % ließen sich insgesamt nur als nicht geeignet („negativ") beurteilen[9].

---

[6] BGH JR 1970, 347 m. abl. Anm. *Meyer*. – Nach *Frisch*, 1983, S. 90 ff., 142 ff. sollen Prognosegesichtspunkte die Aussetzung des Strafrestes sogar nur dann ausschließen, wenn der Verurteilte eine Persönlichkeitsstruktur aufweise, die unter gewissen, naheliegenden situativen Voraussetzungen zur Begehung weiterer Straftaten führe, und zudem soll die Weitervollstreckung geeignet sein müssen, das Risiko weiterer Straftaten maßgebend zu mindern.

[7] *Dreher-Tröndle*, 1985, § 57 Rdn. 6 a.

[8] OLG Schleswig, SchlHA 1980, S. 171.

[9] Das subjektive Moment dieser Untersuchungsbeurteilung wird durch die Vorgabe des genannten Maßstabs nicht berührt, doch waren im Falle der JVA-

Lücken traten insbesondere zu folgenden Bereichen auf: Persönlichkeit des Gefangenen, Beurteilung seiner Lebenssituation vor der Inhaftierung und des Stellenwerts von Straftaten, Einschätzung der „sozialen Beziehungen" des Gefangenen. Da in den JVA-Berichten wichtige Informationsquellen für StA und StVK zu sehen sind (vgl. o. Erster Teil, II.), wurde möglichen Gründen für Mängel nachgegangen. Danach war insbesondere der Bekanntheitsgrad des Gefangenen für die Qualität der Stellungnahmen von Bedeutung[10].

Zustandekommen und Qualität der Stellungnahmen korrelierten signifikant mit der Art der Empfehlung. Äußerten sich Gruppen- und Anstaltsleiter, so stieg der Anteil positiver Empfehlungen. Bei Äußerungen allein der Teilanstaltsleiter sprang die Quote von Stellungnahmen ohne Empfehlung von 20,2 % auf 44,8 %. Bei Verurteilten, die als den Verfassern der Stellungnahmen nicht ausreichend bekannt bezeichnet wurden, gab es signifikant mehr neutrale und negative Empfehlungen (84,4 % gegenüber 58,3 %); ähnliches gilt für mangelhafte Stellungnahmen (82,7 % gegenüber 46,6 %). Diese Ergebnisse sind um so gewichtiger, als ein statistischer Zusammenhang zwischen materieller Grundlage der JVA-Stellungnahme und StVK-Beschluß insofern bestand, als solchen Stellungnahmen, die auf ausreichender Kenntnis der Gefangenen beruhten und in denen wesentliche Aspekte nicht unberücksichtigt geblieben waren, überdurchschnittlich viele positive Kammerentscheidungen entsprachen (s. näher u. 4., 7., 8.).

2. *Stellungnahmen der Staatsanwaltschaft*[11]

Die StA sprach sich in 21,2 % der Fälle für eine bedingte Aussetzung des Strafrestes aus, bei 72,7 % forderte sie eine Ablehnung und bei 6,1 % stellte sie keinen Antrag. Die Stellungnahmen der StA waren meistens sehr knapp. Insbesondere Ablehnungen erfolgten oftmals formelhaft und ohne Begründung.

Stellungnahmen die Qualitätsunterschiede so deutlich, daß der Klassifikation in die Kategorien „mit Mängeln" und „negativ" eine gewisse Zuverlässigkeit zukommen dürfte.

[10] In über 20 % der Stellungnahmen ist ausdrücklich vermerkt, daß der Gefangene dem Verfasser allenfalls wenig bekannt sei. Als Gründe hierfür wurden primär Verlegungen in eine andere Anstalt oder Teilanstalt kurz vor der Berichterstattung (16,4 %) und kurze Haftzeiten (2,8 %) genannt.

[11] Die StA setzte, nach Einsichtnahme in die JVA-Stellungnahme, in der Regel die zuständige StVK von ihrer Auffassung in Form eines eigenen Antrages in Kenntnis.

3. *Beschlüsse der Strafvollstreckungskammern*

Die Anhörungen des Gefangenen fanden meistens noch vor bzw. innerhalb weniger Wochen nach dem errechneten „Zwei-Drittel-Zeitpunkt“ statt. Anhörungen bis zu 6 Monaten nach diesem Termin waren nur bei solchen Gefangenen relativ häufig, die bei einer ersten fristgerechten Anhörung ihren Antrag zurückgezogen hatten.

Im einzelnen wurden 25,9 % der Anträge gemäß § 57 Abs. 1 StGB durch die Vollstreckungskammern positiv beschieden, bei 39,6 % wurde eine Aussetzung abgelehnt und 31,4 % der Gefangenen zogen ihren Antrag zumeist während oder kurz vor der Anhörung zurück. Bei 3,1 % der Fälle wurde keine Anhörung anberaumt, da die zuständige Kammer keinen Antrag auf eine „Zwei-Drittel-Entscheidung“ gestellt sah[12]. Diese Werte lassen, neben einer vergleichsweise geringen Quote positiver Beschlüsse, erkennen, daß die Rücknahmen die zweithäufigste Art der Erledigung von Aussetzungsanträgen sind.

a) Auf die große Strafkammer[13] entfielen 24,2 % der Anträge, auf die fünf kleinen jeweils zwischen 12,5 % und 15,2 %. Die einzelnen Kammern wiesen signifikante Unterschiede hinsichtlich der Erledigungsstruktur der Aussetzungsanträge auf (s. Tab. 14). Differenzen zwischen großen und kleinen Kammern überraschen nicht, da diese systematische Unterschiede bei den Antragstellern widerspiegeln können[14]. Differenzen unter den kleinen Kammern weisen jedoch auf Unterschiede im richterlichen Verhalten, da die Zuständigkeit der Kammern nach den Anfangsbuchstaben des Namens geregelt ist und die Verteilung somit Zufallskriterien entspricht.

Tabelle 14 ist zu entnehmen, daß drei kleinen Kammern mit relativ hohen Anteilen positiver Entscheidungen zwei mit niedrigen Anteilen gegenüberstehen. Der Unterschied zwischen der höchsten und der niedrigsten Rate positiver Entscheidungen beträgt 20,2 %. Bei negativen Entscheidungen ist diese Differenz noch gravierender; sie liegt bei

---

[12] Hierbei handelte es sich um Gefangene, die sich bei entsprechender Anfrage zwar im Falle einer positiven Entscheidung mit einer bedingten vorzeitigen Entlassung einverstanden erklärt hatten, aber selbst keinen ausdrücklichen Antrag auf ein Verfahren stellten. Da in diesen Fällen die StA ebenfalls keinen Antrag stellte, lehnten die zuständigen Vollstreckungskammern unter Hinweis auf KG JR 1972, S. 430 und JR 1973, S. 120 (mit krit. Anm. *Peters*) die Durchführung einer Anhörung ab (s. aber BGHSt. 27, 302, 304).

[13] Während des Untersuchungszeitraumes wurden eine große und drei kleine Strafvollstreckungskammern neu geschaffen; 5,5 % der untersuchten Fälle wurden von diesen entschieden. Aufgrund dieses geringen Anteils sind diese Kammern von der Analyse kammerspezifischen Entscheidungsverhaltens ausgenommen.

[14] S. zur Zuständigkeit und Besetzung im einzelnen §§ 78 a, 78 b GVG.

Tabelle 14

	Beschluß positiv	negativ	Rücknahme d. Antrags
Große Kammer	34,9 %	40,9 %	24,2 %
Kleine Kammern			
(die alphab. Reihenfolge entspricht nicht derj. d. ziffernmäß. Reihenfolge)			
A	17,9 %	48,8 %	33,3 %
B	29,8 %	35,1 %	35,1 %
C	31,0 %	21,4 %	47,6 %
D	37,2 %	30,2 %	32,6 %
E	10,8 %	64,9 %	24,3 %
Kleine Kammern insg.	24,3 %	41,1 %	34,6 %

43,5 %. Der Umfang negativer Entscheidungen ist jedoch nicht unmittelbar komplementär zu demjenigen positiver Entscheidungen, denn schwankende Anteile von Rücknahmen haben auf dieses Verhältnis Einfluß.

Um Anhaltspunkte hinsichtlich der Frage zu gewinnen, ob sich diese Unterschiede richterlichen Entscheidungsverhaltens über einen längeren Zeitraum als stabil erweisen[15], wurden zusätzlich alle Anträge gemäß § 57 Abs. 1 StGB erfaßt, die zwischen dem 2. Mai und dem 30. September 1985 bei den Geschäftsstellen der einbezogenen Strafvollstreckungskammern eingingen und bis Mitte November 1985 erledigt waren (528 Anträge)[16]. In Tabelle 15 sind diese nach der Art ihrer Erledigung aufgeschlüsselt.

Tabelle 15

	Beschluß positiv	negativ	Rücknahme d. Antrags
Große Kammer	21,1 %	36,7 %	42,2 %
Kleine Kammern			
(Reihenfolge wie Tab. 14)			
A	11,5 %	60,0 %	37,5 %
B	22,2 %	19,0 %	58,7 %
C	24,5 %	14,7 %	60,8 %
D	29,1 %	40,5 %	30,4 %
E	14,4 %	48,9 %	36,7 %
Kleine Kammern insg.	19,9 %	35,6 %	44,5 %

[15] Das Ausmaß der Fluktuation von Richterpersonen wurde nicht ermittelt.

[16] Um eine Vergleichbarkeit mit den personenbezogenen Untersuchungsdaten zu ermöglichen, wurden Anträge mit unterschiedlichen Aktenzeichen dann nur einmal gezählt, wenn sie sich offensichtlich auf verschiedene Verfahren ein und derselben Person bezogen.

Der Vergleich der Tabellen 14 und 15 zeigt, daß leichte Verschiebungen in der Erledigungsstruktur eingetreten sind, die nach den in der Untersuchung analysierten Daten auf einen Anstieg der Rücknahmen zurückzuführen sind[17]. Die erheblichen Unterschiede zwischen den einzelnen Kammern hinsichtlich der Häufigkeit positiver bzw. negativer Beschlüsse sind hingegen wenig verändert. Selbst die Rangfolge der Kammern mit vergleichsweise hohen Anteilen positiver Entscheidungen hat sich als stabil erwiesen, die Positionen der Kammern mit geringen Anteilen sind lediglich gegeneinander vertauscht.

Nach diesen Ergebnissen kann festgestellt werden, daß sich die Strafvollstreckungskammern – unbeschadet etwaiger Fluktuationen von Richterpersonen – in zwei Gruppen mit deutlichen Unterschieden in ihrem Entscheidungsverhalten gliedern.

Ob dieses Ergebnis etwa allein mit der Geschlechtszugehörigkeit der Richterpersonen zu erklären sein könnte, muß schon deshalb bezweifelt werden, weil weibliche Richterpersonen innerhalb der Strafvollstreckungskammern hochgradig überrepräsentiert waren.

b) Die Dauer der mündlichen Anhörungen der Gefangenen vor den Vollstreckungskammern betrug bei 22,6 % weniger als 5, bei 44,7 % zwischen 5 und 9, bei 21,4 % zwischen 10 und 14 Minuten und nur bei 11,3 % länger als eine Viertelstunde. Der Durchschnitt lag bei 7,5 Minuten. Unter den Kammern bestanden nur geringe, aber statistisch signifikante Unterschiede hinsichtlich der Länge der Anhörungen. Kammern mit einem höheren Anteil positiver Beschlüsse benötigten für ihre Entscheidungen tendenziell mehr Zeit im Gespräch mit den Antragstellern. Entsprechend korrelierten Erledigungsstruktur und Anhörungsdauer leicht. Rücknahmen erfolgten überwiegend innerhalb weniger Minuten (in 75,6 % der Fälle nach weniger als 10 Minuten), Anhörungen vor Ablehnungen dauerten zu 77,9 % zwischen 5 und 15 Minuten, und

[17] Tab. 15 beruht lediglich auf einer Auszählung der Eintragungen in die Geschäftsstellenregister. Weitreichende Interpretationen sind daher nicht zulässig. Die Verschiebungen in der Erledigungsstruktur scheinen dennoch die bisherigen Untersuchungsergebenisse zu unterstreichen, wonach die Rate von Aussetzungen gemäß § 57 StGB unabhängig von der Praxis der vorzeitigen Entlassung nach anderen Rechtsgrundlagen zu sehen ist. So war zwischen Mai und September 1985 weder ein Vollstreckungsstopp angeordnet, noch wurden Unterbrechungen gemäß § 455 a StPO durchgeführt (gnadenweise Entlassungen anläßlich des Weihnachtsfestes können ohnehin nicht vorgenommen worden sein). Hätten sich diese Entlassungen als negative Selektion auf die Gruppe derer ausgewirkt, die einen Antrag auf Aussetzung des Strafrestes gemäß § 57 StGB stellten, dann wäre für einen Zeitraum, in dem von diesen vorgelagerten Möglichkeiten kein Gebrauch gemacht wurde, mit einem Anstieg positiver Gerichtsentscheidungen zu rechnen gewesen. Dies war nicht der Fall.

Zustimmungen erfolgten in nahezu der Hälfte aller Fälle erst nach mindestens zehnminütiger Anhörung[18].

Die Kammerbeschlüsse differierten in bezug auf Ausführlichkeit und Gründlichkeit der schriftlichen Begründungen. Im Sinne des oben (s. 1.) genannten Maßstabs ergaben sich bei nahezu der Hälfte Mängel[19]. Besonders häufig wurden die Bereiche Lebensumstände vor der Inhaftierung, „Persönlichkeit" des Antragstellers sowie „soziale Kontakte und Beziehungen" nicht oder zumindest nicht eingehend erörtert[20]. Ausführliche Begründungen korrelierten mit einem überdurchschnittlich hohen Anteil positiver Entscheidungen (59,8 %), von den als negativ qualifizierten Begründungen wurde dagegen in 81,1 % der Fälle die Reststrafe nicht ausgesetzt.

Dieses Ergebnis, wie auch schon Entsprechungen bei der Untersuchung der JVA-Stellungnahmen, läßt annehmen, daß die Amtsträger die Endvollstreckung als Regelfall verstehen. Bedingte vorzeitige Entlassun-

---

[18] Diese enge Terminplanung beurteilten vermutlich auch (s. zur Richterbefragung u. IV. 1. c) Gefangene als teilweise wenig geeignet. In Beschwerden gegen ablehnende Kammerbeschlüsse wiesen einige darauf hin, daß sie bei der Anhörung nicht ausreichend Gelegenheit gehabt hätten, sich und ihren Fall darzustellen und zu erklären. Eine Verurteilte schrieb: „Vor der StVK konnte ich bei der Anhörung leider nicht alles sagen, was ich gerne gesagt hätte. Deshalb möchte ich Ihnen gerne noch mal alles schreiben. Ich konnte leider bei der Anhörung nicht so reden, wie ich es gerne getan hätte, aber durch die von vornherein negative Stimmung, die in dem Saal herrschte, habe ich mich kaum getraut, was zu sagen, und wie ich im Beschluß lesen konnte, hat mir die Richterin nicht richtig zugehört...". Ein anderer Gefangener faßte seinen Eindruck folgendermaßen zusammen: „Der Anhörungstermin war nach meiner Meinung keine Anhörung, sondern ein Akt, um die Form zu wahren."

[19] Wegen des subjektiven Moments dieser Untersuchungs-Beurteilung wird auf Fn. 9 verwiesen.

[20] Beispielsweise sei hierzu aus einem Beschluß des KG v. 2. April 1986 (– 1 AR 335/86 – 5 Ws 87/86 –), mit dem ein Beschluß der StVK aufgehoben wurde (s. zur Erledigungsstrategie des Beschwerdesenats im allgemeinen aber u. 5.), wiedergegeben: „Die Strafvollstreckungskammer hat Umstände, die für eine Aussetzung der weiteren Vollstreckung sprechen, mit keinem Wort auch nur erwähnt geschweige denn in ihre Würdigung einbezogen. Vielmehr hat sie sich darauf beschränkt, für den Beschwerdeführer ausschließlich negative Wertungen aus Tatsachen herzuleiten, die zum Teil in den Akten keine Grundlage finden. Hierzu gehört beispielsweise die unzutreffende Bemerkung, der Beschwerdeführer habe es „nie gelernt, sich seinen Lebensunterhalt durch redliche Arbeit zu verdienen". Dem Beschwerdeführer darf auch nicht zum Nachteil gereichen, daß er mehrere Monate nach dem Ablauf der Zweidrittelfrist und nach der Rücknahme seines ersten Antrags einen erneuten Antrag auf Strafaussetzung gestellt und alsdann auf eine Entscheidung der Kammer bestanden hat. Ein Gefangener zeigt sich nicht schon dadurch uneinsichtig, daß er sich entschließt, von einem ihm gesetzlich eingeräumten Recht Gebrauch zu machen".

gen gelten dagegen als Ausnahmen, die es in besonderer Weise zu begründen gilt. Für eine solche Strategie läßt sich hingegen weder aus dem Gesetz (s. o. vor 1.) noch aus der empirischen spezialpräventiven Sanktionsforschung[21] eine hinreichende Begründung herleiten.

4. Übereinstimmung von Empfehlungen und Beschlüssen der am Verfahren beteiligten Amtsträger

Erwartungsgemäß korrelierten die Empfehlungen von JVA und StA sowohl untereinander als auch mit den Entscheidungen der Vollstrekkungskammern. Alle Korrelationen sind auf einem sehr hohen Sicherheitsniveau signifikant, wobei die Berechnung der Lambda-Werte die Korrelationen zwischen staatsanwaltschaftlichem Antrag und Ergebnis der Anhörung vor der Kammer als am stärksten ausweist.

Tabelle 16

	positiv	negativ	Neutral bzw. Rücknahme d. Antr.
bei positiver JVA-Stellungnahme:			
– StA-Antrag	51,6 %	39,8 %	8,6 %
– StVK-Beschluß	58,3 %	31,1 %	10,7 %
bei negativer JVA-Stellungnahme:			
– StA-Antrag	3,4 %	90,5 %	6,0 %
– StVK-Beschluß	4,1 %	49,6 %	46,3 %
bei neutraler JVA-Stellungnahme:			
– StA-Antrag	7,3 %	90,9 %	1,8 %
– StVK-Beschluß	17,5 %	40,4 %	42,1 %

Tabelle 16 ist der Grad der Übereinstimmung von JVA-Empfehlung und staatsanwaltschaftlichem Antrag sowie dem Ergebnis der Anhörung zu entnehmen. Danach schlossen sich StA in lediglich 51,6 % und StVK in nur 53,3 % der Fälle einer von den Vollzugsanstalten geäußerten Ansicht an, daß eine Aussetzung des Strafrestes zu verantworten sei. Bei negativen Stellungnahmen erfolgte nur in Ausnahmefällen ein Antrag auf Aussetzung durch die StA bzw. eine positive Entscheidung durch die Kammern. Deutlich wird auch, daß im Falle von ablehnenden Äußerungen durch JVA und StA ein Großteil der Gefangenen eine Kammerentscheidung scheute und den Antrag auf vorzeitige Entlassung zurückzog. – Diese Tendenz wurde bereits bei neutralen JVA-Stellungnahmen sichtbar. Auch hier beantragte die StA beinahe regelmäßig die Ablehnung der Strafaussetzung, und mehr als 40 % der Gefangenen zogen ihren Antrag zurück. Bei weniger als einem Fünftel neutraler JVA-Stellungnahmen

[21] Vgl. dazu etwa *Steierer*, 1968; *Baumann* u. a., 1983.

erfolgte eine vorzeitige Entlassung gemäß § 57 Abs. 1 StGB. Diese Ergebnisse legen die Feststellung nahe, daß neutrale und ablehnende JVA-Stellungnahmen, gemessen an ihrer Rezeption im weiteren instanziellen Entscheidungsprozeß, als relativ gleichwertig angesehen werden können.

Tabelle 17

	StA-Antrag positiv	negativ	neutral
StVK-Beschluß			
– positiv	73,2 %	12,6 %	40,0 %
– negativ	23,2 %	46,1 %	40,0 %
– Rücknahme	3,6 %	41,4 %	20,0 %

Zwischen befürwortenden Stellungnahmen durch die StA und positiven Kammerentscheidungen bestand relativ große Übereinstimmung. Ablehnungen durch die StA schlossen hingegen nicht in gleicher Weise Aussetzungen aus, wie dies für entsprechende JVA-Äußerungen gilt (s. Tab. 17).

5. *Beschwerden gegen Beschlüsse der Strafvollstreckungskammern*

32,5 % der Gefangenen, deren Antrag auf eine bedingte vorzeitige Entlassung abgelehnt wurde, legten Beschwerde ein[22]. Es wurden 8 % dieser Beschwerden positiv beschieden. In den übrigen Fällen wurde eine Aussetzung erneut abgelehnt (54 %), die Beschwerde als unbegründet verworfen (27 %) oder aus formalen Gründen zurückgewiesen (11 %)[23].

Gefangene, die Beschwerde gegen ablehnende StVK-Entscheidungen einlegten, haben teilweise insofern nicht grundlos eine Strafaussetzung angestrebt, als in den ursprünglichen Stellungnahmen die JVA sich in 45,5 % und die StA in 16,7 % der Fälle für eine Aussetzung ausgesprochen hatte. Auch blieben die anläßlich der erneuten Prüfung des Falles vor dem Senat durch die JVA abgegebenen Stellungnahmen kaum verändert – nur in einem Fall wurde aus einer neutralen Stellungnahme eine befürwortende – und waren insbesondere hinsichtlich der übrigen Berichtsinhalte (z. B. Bekanntheit des Gefangenen, Autorenschaft, Ausführlichkeit) nahezu identisch. Die StA hingegen änderte bei 20,8 % der von Gefangenen beantragten Beschwerdeverfahren ihren Antrag von befürwortend bzw. neutral auf ablehnend.

[22] Dies entspricht absolut 38 Personen. Zusätzlich gab es durch die StA absolut eine Beschwerde gegen einen Kammerbeschluß.

[23] Fristversäumnisse waren hier der wichtigste Grund.

Die Senatsbeschlüsse selbst waren überwiegend vergleichsweise knapp gefaßt[24]. Die in ihnen entwickelte Argumentation unterschied sich in etwa 25 % der Fälle von derjenigen vorausgegangener Kammerbeschlüsse, obgleich die Situation, in der die Antragsteller sich befanden, unverändert geblieben war.

6. *Frühere Anträge auf bedingte Aussetzung des Strafrests*

Bei 11 % der in der Stichprobe erfaßten Gefangenen wurde mehr als ein Antrag gestellt[25]; in einem Falle hatte es 2, bei sämtlichen übrigen eine Rücknahme anläßlich früherer Anhörungstermine gegeben.

Die Daten deuten darauf hin, daß die Rücknahme früherer Anträge zur Vermeidung negativer Entscheidungen erfolgte. Bei nur 18,8 % hatte die JVA und bei nur 6,3 % hatte die StA positive Stellungnahmen abgegeben. Anläßlich des zweiten Antrages waren die Anteile von Befürwortungen jedoch auf 50,0 % bzw. 23,1 % gestiegen; bei 35 % dieser Personen war eine günstige Veränderung ihrer Situation eingetreten (z. B. Verlegung in den offenen Vollzug), und mehr als 90 % hatten Ratschläge, die anläßlich der ersten Anhörung durch das Gericht erteilt worden waren, „umgesetzt". Dies ist ein Hinweis darauf, daß nach einer Rücknahme überwiegend solche Gefangene einen neuen Antrag stellten, die gestiegene Chancen für eine positive Entscheidung sahen.

Die „Antragserledigung durch Rücknahme" erscheint somit gewissermaßen als differenziertes strategisches Instrument: Insgesamt können dadurch negative Entscheidungen und der damit verbundene Aufwand vermieden, zugleich jedoch einzelne Gefangene ermutigt werden, nach gewisser Zeit einen erneuten Antrag zu stellen. Hingegen ergingen Ratschläge des Gerichts viermal seltener an Gefangene, die ihren Aussetzungsantrag zurückzogen, ohne einen solchen erneut zu stellen.

Von allen Gefangenen, die erneut einen Antrag stellten, wurden 34,4 % bedingt vorzeitig entlasssen, 18,8 % zogen ihren Antrag ein zweites Mal zurück, und bei 46,9 % erging ein negativer Kammerbeschluß.

7. *Im Rahmen der „Zwei-Drittel-Verfahren" vorgetragene Gründe und Argumente*

In den Stellungnahmen von JVA und StA sowie dem Kammerbeschluß kamen die instanzspezifischen Sichtweisen zu den einzelnen „Zwei-Drit-

[24] Speziell in Fällen der Verwerfung als unbegründet stellte der Strafsenat gleichsam lapidar fest, daß die Gründe des angefochtenen Beschlusses zutreffen und durch das Beschwerdevorbringen nicht entkräftet worden seien.

[25] Das entspricht absolut 32 Personen.

tel-Verfahren“ zum Ausdruck. Zwar wägten in der Regel JVA-Stellungnahmen und Kammerbeschlüsse das Für und Wider einer Aussetzung ab, doch stand im Vordergrund das Bestreben, durch gezielte Argumente und Begründungen die ausgesprochene Entscheidung oder Empfehlung zu legitimieren. Insoweit ähnlich versuchten die Gefangenen ausweislich der Anhörungsprotokolle, das Gericht von der Richtigkeit einer Aussetzung zu überzeugen. (Auch) Subjektivität war somit konstitutiver und unvermeidbarer Bestandteil der auszuwertenden Unterlagen.

Die in Stellungnahmen, Anhörungsprotokollen und Beschlüssen enthaltene Dokumentation einer spezifischen Auslese stellt sich als latente Information dar, die mit hierfür sensiblen Methoden für die Untersuchung der Aussetzungspraxis erschlossen und ausgewertet wurde[26]. Zu diesem Zweck wurden die in den Stellungnahmen, Anhörungsprotokollen und Beschlüssen niedergelegten Begründungen und Legitimationsfiguren, unterschieden nach Argumenten für und gegen eine Aussetzung, für jedes Verfahren stichwortartig und möglichst wortgetreu notiert.

Nach Abschluß der Erhebung der Daten wurden diese Argumente für jede Instanz nach zeitlichen (vor, während, nach der Haft) und thematischen (z. B. Arbeitsverhalten, „soziale Kontakte“, Wohnsituation) Kriterien geordnet. Innerhalb der so entstandenen Kategorien wurde, wenn möglich, unterschieden nach Argumenten, die sich eher auf (objektive) Fakten und Sachverhalte bezogen (z. B. Disziplinarmaßnahmen), und solchen, die eher (subjektive) Beurteilungen ausdrückten (z. B. Mitarbeit an Erreichung des Vollzugsziels). Es stellte sich heraus, daß die Argumente der Amtsträger insgesamt ähnlich waren und in einem einzigen Katalog zusammengefaßt werden konnten.

Hinzu kam ein zweiter Katalog, der die durch die Gefangenen vorgetragenen Argumente enthält.

Der ursprüngliche „Instanzenkatalog“ umfaßte 80 verschiedene Argumente und Begründungsfiguren, die für eine Aussetzung, und 90, die gegen eine Aussetzung angeführt wurden; der Katalog, der auf den Argumenten der Gefangenen beruhte, beinhaltete 56 Katagorien. Jede dieser Kategorien erhielt eine Kodierungszahl. Nach Durchführung einer Häufigkeitsauszählung wurden, soweit dies unter inhaltlich-logischen Gesichtspunkten möglich erschien, Verdichtungen bei schwachbesetzten Kategorien durchgeführt[27]. Die Zahl der in den jeweiligen Katalogen

---

[26] Anders als bei der Beschreibung der Entlassenenpopulation im ersten Untersuchungsteil, die nach einem uniformen Variablensatz erfolgen konnte, waren hier induktive Verfahrensweisen eher geeignet.

[27] Die so erstellten Kataloge sind im Anhang auf den S. 86–94 wiedergegeben.

enthaltenen Kategorien wurde dadurch nahezu halbiert. Dies ist bereits ein Hinweis darauf, daß die Begründungen insgesamt relativ formalisiert entlang einer begrenzten Zahl von Kernargumenten verliefen[28].

a) Begründungen und Argumente der Vollzugsanstalten

Insgesamt konnten 344 JVA-Stellungnahmen ausgewertet werden. Auf 100 Befürwortungen kamen etwa 129 direkte Ablehnungen; zählt man die neutralen Stellungnahmen als weithin faktische Negativvoten hinzu, so steigt das Verhältnis auf 100 zu 189. In 93 % der Stellungnahmen waren Umstände angeführt, die für eine Aussetzung sprechen, bei 73 % (auch) solche, die eine vorzeitige Entlassung potentiell erschweren. Sofern von den Vollzugsanstalten auf positive Aspekte eingegangen wurde, geschah dies durchschnittlich mit 3,5 Argumenten je Stellungnahme, bei negativen Aspekten hingegen mit weniger als 2. Setzt man diesen Befund mit dem deutlichen Überwiegen negativer Empfehlungen in Verbindung, wird eine Defensivhaltung der Vollzugsanstalten deutlich: Negativbeurteilungen wurden als Regelfall wahrgenommen, und es bedurfte eines größeren argumentativen Aufwandes, den anderen beteiligten Instanzen gegenüber positive Aspekte bei den Gefangenen herauszustellen.

aa) Ein allgemeiner Überblick über den Inhalt der Stellungnahmen folgt aus der Betrachtung der Häufigkeit, mit der die verschiedenen Argumente und Begründungen vorgetragen wurden[29]. Umstände, die für eine bedingte Aussetzung des Strafrestes sprachen, sahen die Vollzugsanstalten erwartungsgemäß überwiegend in dem Bereich Verhalten und Situation des Gefangenen während der Inhaftierung. Der Zeit vor der Inhaftierung kam eine vergleichsweise unbedeutende Rolle zu. Auf die Situation nach der Haftentlassung wurde nur anhand weniger Kategorien eingegangen[30].

---

[28] Die im Text oben (u. 6. bzw. 7.) vorgenommenen systematischen Analysen bezogen die Dimension Zeit in die Betrachtung ein, indem frühere Anhörungen bzw. Beschwerden getrennt von den übrigen Aussetzungsverfahren dargestellt wurden. Die Prüfung von Art der Empfehlung bzw. Antragserledigung ergab jedoch, daß diese vor- u. nachgelagerten Verfahren keine qualitativen Besonderheiten aufwiesen. Es wurde daher in den folgenden Untersuchungsteilen die Unterscheidung der Verfahren nach diesen Zeitebenen aufgehoben.

[29] Vgl. Anhang S. 86–93.

[30] In der Reduzierung der Lebenssituation außerhalb der Haft auf wenige Variablen drückten sich mitunter auch schichtspezifische Wahrnehmungs- und Bewertungsstrukturen auf seiten der Mitarbeiter der Vollzugsanstalten aus. Lagen Umstände vor, die das übliche Muster sprengten, dann wurden diese in den Stellungnahmen zumeist deutlich herausgestellt. So heißt es beispielsweise: „Im Hinblick auf die soziale Lage seiner Angestellten – bei der noch zu vollstreckenden

Insgesamt zeigte sich, daß nicht für jeden Gefangenen alle *positiven* Aspekte erörtert wurden. Der Vergleich mit Tabelle 12 verdeutlicht, daß beispielsweise in nur 10 % der Stellungnahmen auf die Tatsache einer Erstvollstreckung hingewiesen wurde (ca. 30 % der Antragsteller waren Betroffene einer Erstvollstreckung). Auch blieben insbesondere beanstandungslos verlaufender Ausgang/Urlaub (Nennung in 11,3 % der Stellungnahmen), die Nutzung von Angeboten der JVA (18,0 %) und disziplinarisch unauffälliges Verhalten (43,3 %) häufig unerwähnt[31]. Auf positives Arbeitsverhalten (35,5 %) und Bewährung im offenen Vollzug (21,2 %) wurde dagegen mit größerer Regelmäßigkeit eingegangen. Auch waren positive Beurteilungen des Vollzugsverhaltens (16,9 %), der Mitarbeit am Vollzugsziel (11,3 %), der Person und der „Gesinnung" des Antragstellers (6,4 % bzw. 14,5 %) relativ häufig; ähnliches gilt für Bewertungen, die sich auf die Anpassungsfähigkeit des Gefangenen hinsichtlich seiner Haftsituation bezogen: als sauber-zuverlässig wurden 10,8 % und als freundlich-ruhig 22,1 % der Antragsteller gelobt. In nur 1,5 % der Stellungnahmen wurde hingegen darauf verwiesen, daß eine (anhaltende) Inhaftierung dem „Re-Sozialisierungsziel" abträglich sei. Für die Zeit nach der Haftentlassung wurden durch die JVA relativ häufig das Vorhandensein eines Arbeitsplatzes (19,5 %), „sozialer Beziehungen und Kontakte" (18,0 %) sowie einer Unterkunft (24,4 %) positiv herausgestellt. Daß sich Vollzugsanstalten auf günstige Prognosen festlegten, geschah relativ selten (10,5 %). Trotz des hohen Anteils von Nichtdeutschen an der Gefangenenpopulation waren Argumente, die direkt an deren spezifischer Situation ansetzten, eine Ausnahme (2,3 %).

Auch hinsichtlich *negativer* Anhaltspunkte für die Frage einer vorzeitigen Entlassung waren für die Vollzugsanstalt die Lebensumstände des Gefangenen vor seiner Inhaftierung von geringer Bedeutung. Zwar wurde relativ häufig, wenngleich nicht regelmäßig, auf Vorverurteilungen (18,0 %) und Bewährungswiderrufe (16,9 %) eingegangen, jedoch knüpften Argumente gegen eine Aussetzung überwiegend an Verhalten und Situation während der Inhaftierung an. Dabei wurden insbesondere schlechte Führung (15,1 %), Nichtgewährung von und Versagen bei Vollzugslockerungen negativ erwähnt (7,5 % bzw. 15,2 %). Gefangenen wurde es ebenfalls angelastet, wenn sie Angebote der JVA, insbesondere Drogen- und Sozialtherapie, nicht nutzten (8,2 % bzw. 3,5 %). Nur in

---

Haftstrafe erscheint die Existenz der Angestellten und seine eigene gefährdet – wird eine letztmalige Strafaussetzung zur Bewährung unter Beiordnung eines Bewährungshelfers befürwortet."

[31] Dies sind allerdings Umstände, die – wie die weitere Analyse zeigte (s. unten Tab. 18, 19) – für JVA-Empfehlungen nur von untergeordneter Bedeutung waren.

3,5 % der Stellungnahmen wurde festgestellt, daß das „Vollzugsziel" nicht erreicht wurde, und der Bereich der Vorbereitung der Entlassung[32] spielte in den JVA-Empfehlungen auch bei Feststellung negativer Umstände eine untergeordnete Rolle. Ungünstige wirtschaftliche Verhältnisse (8,4 %) und mangelnde oder negative „soziale Bindungen" (7,0 %) wurden nicht immer, das Fehlen einer festen Wohnmöglichkeit (3,5 %) wurde selten erwähnt. Häufiger wurden dagegen negative Prognosen erstellt (11,3 %), ohne diese jedoch regelmäßig detailliert zu begründen.

bb) Die Häufigkeit, mit der in den Stellungnahmen auf positive bzw. negative Umstände eingegangen wurde, ist jedoch nicht mit deren Bedeutung für die Entscheidung der JVA gleichzustellen, eine Aussetzung zu befürworten oder abzulehnen. Die Bedeutung oder das Gewicht einzelner Argumente oder Umstände erweist sich daran, wie wahrscheinlich es ist, daß bei deren Nennung eine Empfehlung in gleicher Richtung erfolgt. Demgemäß wurde untersucht, mit welcher Wahrscheinlichkeit die Nennung eines positiven Argumentes mit einer Befürwortung und umgekehrt, wie sicher ein negatives mit einer Ablehnung zusammenfiel[33]; zusätzlich wurden Signifikanztests und gegebenenfalls, d. h. soweit eine signifikante Korrelation vorlag, Gamma-Wert-Berechnungen (zur Ermittlung der Stärke der Korrelation zwischen Argument und Empfehlung) durchgeführt.

Es ergab sich zum einen, daß Befürwortungen einer Aussetzung besonders wahrscheinlich waren, wenn Argumente folgender Einzelkategorien vorgetragen wurden: Positive Wirkung der Haft auf den Gefangenen (10 : 1), Erstvollstreckung (10 : 3), Bewährung im offenen Vollzug (10 : 5), Mitarbeit am Vollzugsziel (10 : 5) und positives Verhalten im Vollzug (10 : 8). Ablehnende Stellungnahmen waren hingegen besonders wahrscheinlich, wenn bei einem Gefangenen Suchtprobleme mit Alkohol oder Drogen festgestellt wurden (10 : 2), Anschlußstrafen oder offene Verfahren bestanden (10 : 2) oder keine sichere Wohnmöglichkeit nach der Haftentlassung gegeben war (10 : 2). Im übrigen zeigt die Analyse, daß die Nennung einer Reihe positiver Argumente sich im Hinblick auf die abschließende Empfehlung negativ auszuwirken schien; so war die Wahrscheinlichkeit einer Befürwortung gering, wenn beanstandungsfreies

---

[32] Demgegenüber handelt es sich hierbei um eine Aufgabe der Vollzugsanstalten (s. nur § 2 S. 1, § 3 StVollzG), und der Situation nach der Haftentlassung kommt besonders hohe Bedeutung für zukünftiges Legalverhalten zu (vgl. *Eisenberg*, 1985, § 36 Rdn. 62, 67–69, § 37 Rdn. 14–20).

[33] Mathematisch ausgedrückt bedeutet dies, daß die Wahrscheinlichkeit eines in der JVA-Stellungnahme angeführten Umstandes, mit einer Empfehlung gleicher Richtung gekoppelt zu sein, gegenüber einer Empfehlung anderer Richtung 1 : z beträgt.

Haftverhalten (10:37) bzw. neutrales Verhalten (10:40) genannt oder eine freundlich-ruhige Wesensart festgestellt wurden (10:34).

Zum anderen zeigte sich hinsichtlich der Stärke von Argumenten zwar die Tatsache beanstandungsfreien Verhaltens im offenen Vollzug als herausragend für eine positive Empfehlung, doch waren hierfür insgesamt weniger Fakten und konkrete Umstände als vielmehr positive Bewertungen und Einschätzungen von Bedeutung (als systematischen Überblick s. Tab. 18 und 19[34]). Darunter erwiesen sich die Beurteilung des Vollzugsverhaltens, der „Gesinnung" und der „Person" des Gefangenen als zentrale Größen. Dagegen war auch die Tatsache einer Erstvollstreckung, die zumeist Grundlage einer positiven Einschätzung künftigen Legalverhaltens war, eher zweitrangig. Umstände wie Arbeit, Wohnung, (voraussichtliche) „soziale Beziehungen" nach Haftentlassung, Nutzung von JVA-Angeboten wirkten nur begrenzt positiv auf die Stellungnahmen. Beanstandungslos verlaufender Ausgang/Urlaub wurde nicht regelmäßig in den Berichten vermerkt und korrelierte darüber hinaus nicht signifikant mit der Art der Empfehlung. – Signifikante negative Korrelationen bestanden hingegen bei Argumenten, die sich auf Arbeitsleistung und -motivation sowie Disziplin und Hausordnung bezogen. Insgesamt ergab die Analyse, daß die häufigsten Argumente und Umstände sich nur schwach, nicht oder sogar negativ auf die JVA-Empfehlungen auswirkten.

Für die Interpretation von Tabelle 19 ist darauf hinzuweisen, daß trotz der Überzahl ablehnender JVA-Empfehlungen seltener negative als positive Argumente und Begründungen darin zu finden sind. Dies hat zur Folge, daß die Korrelation jedes einzelnen negativen Argumentes mit der JVA-Empfehlung tendenziell stark war und negative Korrelationen nicht vorkamen. Danach wirkten sich insbesondere Umstände für die Gefangenen ungünstig aus, die als Abweichung von einer implizit angenommenen Normalität gelten können und im umgekehrten Falle kaum zu positiven Empfehlungen beitrugen: So waren Befürwortungen unwahrscheinlich, wenn in der Stellungnahme geäußert wurde, daß JVA-Angebote nicht genutzt worden seien, ein Gefangener für den Vollzugsablauf negative oder störende Eigenschaften besitze, Beanstandungen bei Ausgang oder

---

[34] Gegenüber den im Anhang aufgeführten Katalogen wurden bei diesen wie auch den folgenden Tabellen die Kategorien weiter verdichtet. Dies geschah nach inhaltlichen und statistischen Kriterien. Nur solche Kategorien wurden zusammengefaßt, die thematisch verwandt waren und ähnliche Wahrscheinlichkeiten aufwiesen, mit positiven bzw. negativen Empfehlungen zusammenzufallen. Zur besseren Nachvollziehbarkeit sind die hier aggregierten Kategorien in den im Anhang aufgeführten Katalogen bereits in Kleindruck unter den mit arabischen Ziffern bezeichneten übergeordneten Kategorien aufgelistet.

Urlaub vorgekommen seien[35], keine als förderlich beurteilten „sozialen Beziehungen“ und keine Wohnmöglichkeit für die Zeit nach der Entlassung bestanden hätten. Daneben schienen Negativbeurteilungen der „Gesinnung“ des Gefangenen und eine allgemein ungünstige Prognose ausschlaggebend für die Empfehlung zu sein. Im Vergleich waren bei negativem Verlauf früherer Bewährungen, zu erwartenden wirtschaftlichen Problemen (insbesondere wenn kein Arbeitsplatz vorhanden war) sowie Schwierigkeiten im offenen Vollzug direkte Ablehnungen durch die JVA nicht in gleicher Weise wahrscheinlich. Als von relativ starkem Einfluß auf die Empfehlung durch die JVA erwiesen sich hingegen indirekte Argumentationen: Wenn keine besonderen Gründe für eine Aussetzung festgestellt wurden, waren ablehnende Stellungnahmen wahrscheinlich[36]. Hingegen waren negative Beurteilungen des Legalverhaltens und der Lebenssituation vor der Haft auf die Art der Empfehlung ebenso von relativ geringem Einfluß; das gleiche gilt für als negativ beurteiltes Verhalten im Vollzug, wobei überwiegend auf disziplinarische Auffälligkeiten Bezug genommen wurde.

Tabelle 18 Positive Argumente JVA, Empfehlung JVA

	Häufigkeit d. Nennung	pos. : neg. Empfehlg.	Signifikanz	Gammawert
positives Vollzugsverhalten	26,5 %	10:6	*	0,68
offener Vollzug/Freigang erfolgreich	21,2 %	10:4	*	0,77
pos. Beurteilung der Gesinnung d. VU	14,5 %	10:5	*	0,65
pos. Beurteilung d. Legalverhaltens vor Haft	12,8 %	10:3	*	0,76
günstige Prognose erstellt	10,5 %	10:4	*	0,71
pos. Charakterisierung d. Person d. VU	6,4 %	10:5	*	0,64
ungünstige Wirkung d. Haft festgestellt	1,5 %	10:0	*	1,00
wirtschaftl. Verhältnisse nach Haft pos.	24,1 %	10:10	*	0,42
Wohnung nach Haft vorhanden	24,4 %	10:15		
soziale Beziehungen nach Haft vorhanden	18.0 %	10:10	*	0,38
Angebote d. JVA genutzt (Therapie, Fortbildg. etc.)	18,0 %	10:10	*	0,38
Ausgang/Urlaub ohne Probleme verlaufen	11,3 %	10:16		
soziale Kontakte während Haft bestanden	7,3 %	10:15		
pos. Beurteilung d. in Haft geleisteten Arbeit	35,5 %	10:28	*	– 0,29
pos., vollzugsrelevante Charakterisierung d. VU	22,4 %	10:29		
Disziplin, Hausordnung durch VU eingehalten	43,3 %	10:38	*	– 0,52
VU ist Selbststeller	4,7 %	10:70		

[35] In einem Fall wurde sogar eine Aussetzung vor allem mit dem Argument abgelehnt, daß es bei einer früheren Inhaftierung zu einem Mißbrauch des Urlaubs gekommen sei.

[36] Daß ein Mangel an positiven Gründen allein schon Anlaß für eine negative Empfehlung war, wird im Zusammenhang mit der in den Vollzugsanstalten vorherrschenden Ansicht zu erklären sein, daß Aussetzung des Strafrests eine Ausnahme darstellten. So wurde beispielsweise eine Aussetzung mit folgender

Tabelle 19 Negative Argumente JVA, Empfehlung JVA

	Häufigkeit d. Nennung	neg. : pos. Empfehlg.	Signi-fikanz	Gamma-wert
JVA-Angebote nicht genutzt (Therap., Forbildg.)	11,6 %	10 : 3	*	0,67
ungünstige Prognose erstellt	11,3 %	10 : 2	*	0,75
keine/negative soziale Beziehungen nach Entlassg.	7,0 %	10 : 2	*	0,75
negative Beurteilung der Gesinnung d. VU	5,8 %	10 : 2	*	0,77
formale Aspekte angeführt (offenes Verf., etc.)	5,8 %	10 : 2	*	0,77
neg., vollzugsrelevante Charakterisierung d. VU	4,7 %	10 : 3	*	0,60
Wohnung nach Haft nicht vorhanden	3,5 %	10 : 2	*	0,74
neg. Beurteilung früherer Bewährungen	16,9 %	10 : 6	*	0,44
wirtschaftl. Verhältnisse nach Haft negativ	14,1 %	10 : 5	*	0,44
offener Vollzug/Freig. mit Problemen/Ablösung	13,1 %	10 : 6	*	0,44
Ausgang/Urlaub mit Problemen/Sperre	9,6 %	10 : 4	*	0,52
Mangel an Gründen/Umständen für Aussetzung	5,2 %	10 : 4	*	0,55
ausländerspezifische Argumente	3,2 %	10 : 4		
neg. Beurteilung d. Legalverhaltens vor Haft	18,0 %	10 : 8		
neg. Vollzugsverhalten/schlechte Führung	15,4 %	10 : 8		
neg. Charakterisierung d. Person d. VU	9,0 %	10 : 11		
neg. Beurteilung d. Situation vor Haft	2,9 %	10 : 7		

cc) Wie bereits ausführlich erörtert (s. oben 4.), bestand zwischen JVA-Empfehlungen und StVK-Entscheidungen eine starke, jedoch nicht völlige Übereinstimmung. Bei negativen Stellungnahmen waren zwar Aussetzungen äußerst selten, hingegen wurde nur in 58,3 % der Befürwortungen durch Vollzugsanstalten seitens der Kammern positiv entschieden. Für die Vollstreckungskammern galten somit teilweise andere Entscheidungskriterien als für die Vollzugsanstalten. Konkretere Hinweise darauf ergaben sich aus der Kreuztabellierung der Argumente der Vollzugsanstalten mit den gerichtlichen Entscheidungen.

Tabelle 20 ist zu entnehmen, daß zwar die innerhalb der JVA-Empfehlung starken *positiven* Argumente auf die Kammerentscheidungen durchschlugen, jedoch ergaben sich einige Verschiebungen. So waren beispielsweise Aussetzungen des Strafrests besonders wahrscheinlich, wenn in den JVA-Stellungnahmen eine positive Beurteilung der „Person" des Verurteilten enthalten war. Im Vergleich zu den anderen Argumenten gewann auch der Hinweis auf „geordnete" wirtschaftliche Verhältnisse (insbesondere auf das Vorhandensein eines Arbeitsplatzes) und eine geregelte

---

Begründung abgelehnt: „Das Verhalten im Vollzug ist zu wenig aussagekräftig, als daß man daraus gegenüber den sonstigen in § 57 Abs. 1 StGB genannten Kriterien einen verläßlichen Maßstab gewinnen könnte." In derselben Stellungnahme wurde jedoch auf eine positive Entwicklung des Verurteilten, gute Führung und Mitarbeit in der Wohngruppe, erfolgreiche Teilnahme an einem berufsbildenden Lehrgang hingewiesen sowie der Betroffene als eine ruhige, höfliche und ausgeglichene Person dargestellt.

Wohnsituation nach der Haftentlassung an Bedeutung. Weniger Gewicht kam dagegen Feststellungen, die eine wertende Beurteilung voraussetzen (z. B. positive Einschätzung der „Gesinnung" des Verurteilten, negative Wirkung anhaltender Haft). Positive Ausführungen zu der Nutzung von JVA-Angeboten durch den Gefangenen spielten bei der gerichtlichen Entscheidung ebenfalls eine zweitrangige Rolle. – Von der JVA angeführte *negative* Umstände und Argumente fanden eine insgesamt starke Entsprechung mit ablehnenden Kammerbeschlüssen (s. Tab. 21). Besonderes Gewicht hatte jedoch die Feststellung unsicherer wirtschaftlicher Verhältnisse nach der Haftentlassung (kein Arbeitsplatz) sowie von Bean-

Tabelle 20 Positive Argumente JVA, Beschluß StVK

	Häufigkeit d. Nennung	pos. : neg. Beschluß	Signifikanz	Gammawert
pos. Charakterisierung d. Person d. VU	6,1 %	10 : 4	*	0,62
wirtschaftl. Verhältnisse nach Haft pos.	29,0 %	10 : 8	*	0,50
positives Vollzugsverhalten	28,0 %	10 : 6	*	0,63
offener Vollzug/Freigang erfolgreich	28,0 %	10 : 7	*	0,57
Wohnung nach Haft vorhanden	27,6 %	10 : 13		
soziale Beziehungen nach Haft vorhanden	20,1 %	10 : 13		
pos. Beurteilung d. Legalverhaltens vor Haft	16,8 %	10 : 7	*	0,50
pos. Beurteilung d. Gesinnung d. VU	16,8 %	10 : 14		
günstige Prognose erstellt	13,6 %	10 : 8	*	0,42
Disziplin, Hausordnung durch VU eingehalten	40,2 %	10 : 29	*	– 0,39
pos. Beurteilung d. in Haft geleisteten Arbeit	33,2 %	10 : 29	*	– 0,36
pos., vollzugsrelevante Charakterisierung d. VU	19,2 %	10 : 24		
Angebote d. JVA genutzt (Therap., Fortbildg. etc.)	19,2 %	10 : 24		
Ausgang/Urlaub ohne Probleme verlaufen	13,1 %	10 : 21		
soziale Kontakte während Haft bestanden	7,9 %	10 : 24		

Tabelle 21 Negative Argumente JVA, Beschluß StVK

	Häufigkeit d. Nennung	neg. : pos. Beschluß	Signifikanz	Gammawert
ungünstige Prognose erstellt	9,3 %	10 : 1	*	0,71
JVA-Angebote nicht genutzt (Therap., Fortbildg.)	7,9 %	10 : 1		
wirtschaftl. Verhältnisse nach Haft negativ	7,0 %	10 : 1	*	0,80
Ausgang/Urlaub mit Problemen/Sperre	6,5 %	10 : 0	*	1,00
keine/negative soziale Beziehungen nach Entlassg.	5,1 %	10 : 1		
negative Beurteilung der Gesinnung d. VU	4,7 %	10 : 1		
formale Aspekte angeführt (offenes Verf., etc.)	4,2 %	10 : 0	*	1,00
neg. Beurteilung d. Legalverhaltens vor Haft	16,4 %	10 : 3	*	0,45
neg. Beurteilung früherer Bewährungen	15,9 %	10 : 3		
neg., vollzugsrelevante Charakterisierung d. VU	4,7 %	10 : 3		
neg. Vollzugsverhalten/schlechte Führung	12,6 %	10 : 4		
offener Vollzug/Freig. mit Problemen/Ablösung	11,7 %	10 : 4		
neg. Charakterisierung d. Person d. VU	6,5 %	10 : 4		

standungen im Zusammenhang mit Ausgang/Urlaub und ferner auch der Hinweis auf Vorverurteilungen.

Diese Ergebnisse lassen den Schluß zu, daß die in den JVA-Stellungnahmen angeführten Argumente und Gründe in ihrer Gewichtung durchaus von den Kammerbeschlüssen rezipiert wurden. Einzelne Abweichungen sind feststellbar, die überwiegend damit erklärbar zu sein scheinen, daß in den JVA-Berichten angeführte Argumente, die sich auf konkrete Umstände bezogen, stärker mit dem Kammerbeschluß korrelierten als solche, die auf Beurteilungen mit subjektivem Gehalt beruhten.

b) Begründungen und Argumente der Staatsanwaltschaft

Insgesamt konnten 218 staatsanwaltschaftliche Stellungnahmen (s. Fn. 28) ausgewertet werden. Auf 10 Befürwortungen kamen etwa 41 direkte Ablehnungen. Zählt man den Ablehnungen die Stellungnahmen ohne Antrag hinzu, wächst der Abstand geringfügig auf 10 : 44. In 72 % der Stellungnahmen war zumindest ein Argument gegen die Aussetzung des Strafrests angeführt, in 20 % fanden sich (auch) solche Argumente, die für eine vorzeitige Entlassung sprechen.

Die Begründungen selbst verliefen überwiegend entlang weniger Argumentationsfiguren. Umstände, die für eine Aussetzung sprechen, sah die StA überwiegend in dem Bereich Legalverhalten vor der Inhaftierung (5,8 %, darunter Erstvollstreckung mit 4,7 %). Auf Haftumstände, die für die JVA-Berichte von zentraler Bedeutung waren, wurde selten eingegangen: Arbeitsverhalten wurde in 1,2 % der Stellungnahmen und Ausgang/Urlaub in keiner einzigen erwähnt. Im Vergleich dazu wurden Argumente, die auf eine positive Beurteilung der „Gesinnung“ schließen ließen (2,0 %) sowie günstige Prognosen (2,6 %) häufiger genannt. Verweise auf positive wie negative Äußerungen anderer Instanzen, in der Regel der JVA, sind ebenfalls relativ häufig (5,2 % bzw. 13,4 %). Darüber hinaus bezogen sich negative Beurteilungen überwiegend auf den Bereich Verhalten des Inhaftierten vor seiner Verurteilung. Auf Vorverurteilung wurde in 15,1 % der Stellungnahmen verwiesen, auf Bewährungswiderrufe in 12,5 %, auf die Art und Umstände des letzten Delikts in 4,7 % der Äußerungen[37]. Umstände und Situation während der Haft spielten auch bei den Gründen, die von der StA gegen eine Aussetzung angeführt wurden, eine untergeordnete Rolle. Negative Prognosen wurden in 7 % der Stellungnahmen abgegeben, und in weiteren 14 % erfolgte eine Ableh-

---

[37] Meistens handelte es sich hierbei um die Feststellung leicht nachvollziehbarer Fakten. Argumente wie etwa dergestalt, die Aussetzung des Strafrests habe zu unterbleiben, weil die Strafe in Beziehung zu dem Tatvorwurf zu gering sei, waren Ausnahmen.

nung mit formelhaften (den Gesetzestext des § 57 Abs. 1 StGB referierenden) Begründungen, die nicht die konkrete Situation des Gefangenen widerspiegelten. – Diese Ergebnisse der Analyse lassen mutmaßen, daß die StA – entgegen der Konzeption des Gesetzes – weithin die Aufgabe der Strafjustiz als „mit der Aburteilung erledigt" ansah, unter erheblich eingeschränkter Erfüllung der zusätzlichen Aufgabe, „auf dem Wege über das Institut der Strafaussetzung auf den Vollzug der Strafe einzuwirken"[38].

Abstufungen der von der StA vorgetragenen Argumente hinsichtlich ihres Gewichts bei der Abgabe einer Empfehlung an das Gericht sind kaum vorzunehmen. Tabelle 22 und 23 ist zu entnehmen, daß alle Argumente starke Korrelationen mit der Art des staatsanwaltschaftlichen Antrages aufwiesen. Dies ist darauf zurückzuführen, daß die Anträge in der Regel nur mit einem oder wenigen Argumenten gleicher Richtung begründet wurden[39].

Tabelle 22 Positive Argumente StA, Antrag StA

	Häufigkeit d. Nennung	pos. : neg. Antrag	Signifikanz	Gammawert
pos. Beurteilung d. Legalverhaltens vor Haft	5,8 %	10 : 3	*	0,92
Verweis auf pos. Äußerung anderer Instanz	5,2 %	10 : 1	*	0,96
günstige Prognose erstellt	2,6 %	10 : 0	*	1,00
positive Beurteilung der Gesinnung d. VU	2,0 %	10 : 0	*	1,00
Disziplin, Hausordnung durch VU eingehalten	0,9 %	10 : 0	*	1,00

Tabelle 23 Negative Argumente StA, Antrag StA

	Häufigkeit d. Nennung	neg. : pos. Antrag	Signifikanz	Gammawert
neg. Beurteilung d. Legalverhaltens vor Haft	15,1 %	100 : 4	*	0,82
Verweis auf neg. Äußerung anderer Instanz	13,4 %	100 : 5	*	0,79
neg. Beurteilung früherer Bewährungen	12,5 %	100 : 2	*	0,88
ungünstige Prognose erstellt	7,0 %	10 : 0	*	1,00
Delikt, Tatumstände – bes. Maßstäbe	4,7 %	10 : 0	*	1,00

[38] BGHSt. 27, 302 (304).

[39] Die Kreuztabellierung der in den staatsanwaltschaftlichen Stellungnahmen enthaltenden Begründungen mit den Kammerbeschlüssen führt ebenfalls zu keiner Differenzierung des Gesamtbildes. Da StA-Empfehlungen und Kammerbeschlüsse ein größeres Maß an Übereinstimmung aufwiesen als JVA-Empfehlungen und Kammerbeschlüsse, erscheinen die von der Staatsanwaltschaft vorgetragenen Begründungen überwiegend auch hinsichtlich des gerichtlichen Entscheidungsverhaltens als relevant. Auf die Wiedergabe und Interpretation entsprechender Tabellen wurde daher verzichtet.

c) Begründungen und Argumente der Verurteilten

Die Auswertung der Anhörungsprotokolle steht unter dem Vorbehalt, daß diesen wenigstens in groben Zügen die Argumentationslinien der Gefangenen zu entnehmen sind.

Die Gefangenen stellten vor allem ihre Situation nach der Haftentlassung in den Vordergrund, in dem Versuch, das Gericht von der Verantwortbarkeit einer vorzeitigen Entlassung zu überzeugen. Nahezu die Hälfte (44,9 %) wies darauf hin, daß ein fester Arbeitsplatz vorhanden oder zugesagt sei, weitere 14 % sprachen von ihren beruflichen Plänen und Absichten, 36,4 % unterrichteten die Kammer von einer gesicherten Wohnsituation, 38,3 % von kontinuierlichen „sozialen Beziehungen und Bindungen". Im übrigen wurden auch Umstände genannt, die sich zwar auf den Zeitraum der Inhaftierung bezogen, jedoch als bedeutsame Aspekte für die Situation nach der Haftentlassung gelten: 10,7 % erklärten, an ihren „Alkoholproblemen gearbeitet" und 3,7 % an Aus- und Fortbildungsmaßnahmen teilgenommen zu haben; 7 % versuchten, dem Gericht plausibel zu machen, daß ein Andauern der Haft keine günstigen Wirkungen haben könne. Auf die eigene Arbeitsleistung, die Gewährung von Vollzugslockerungen und hausordnungsgemäßes Verhalten wurde dagegen vergleichsweise selten eingegangen. Endlich wurde besonders häufig – und von einem erheblichen Anteil der Gefangenen möglicherweise im Sinne einer als notwendig erachteten „Pflichtübung" – die Versicherung abgegeben, keine Straftaten mehr begehen zu wollen und von der Haft beeindruckt zu sein.

Die Kreuztabellierung der Begründungen der Gefangenen mit den Kammerentscheidungen (Tab. 24) zeigt, daß allein Argumente, die sich auf „geordnete" wirtschaftliche Verhältnisse und eine gesicherte Wohn-

Tabelle 24 Argumente d. Verurteilten, Beschluß StVK

	Häufigkeit d. Nennung	pos. : neg. Beschluß	Signifikanz	Gammawert
wirtschaftl. Verhältnisse nach Haft positiv	57,9 %	10 : 9	*	0,71
soziale Beziehungen nach Haft vorhanden	38,3 %	10 : 14		
Wohnung nach Haft vorhanden	36,4 %	10 : 11	*	0,39
positives Legalverhalten vor Haft	10,3 %	10 : 10		
offener Vollzug/Freigang erfolgreich	6,5 %	10 : 6		
günstige Prognose erstellt	6,5 %	10 : 13		
Hinweis auf gewandelte Gesinnung u. Vorsätze	24,3 %	10 : 17		
Angebote d. JVA genutzt (Therapie, Fortbildg. etc.)	19,2 %	10 : 27		
haftspezifische Argumente	7,0 %	1 : 14	*	– 0,80
ausländerspezifische Argumente	6,1 %	0 : 10	*	– 1,00
Therapie nach Haft geplant	5,6 %	10 : 45		

möglichkeit für die Zeit nach der Haftentlassung bezogen, signifikant positiv mit den Kammerbeschlüssen korrelierten. Insgesamt schien den Anhörungen der Gefangenen indes kein besonderer Stellenwert bei der Entscheidungsfindung durch die Gerichte zuzukommen, zumal die Vollstreckungskammern nur selten in ihren Begründungen auf die Anhörung eingingen.

d) Begründungen und Argumente der Strafvollstreckungskammern

Die Untersuchung umfaßt insgesamt 315 Verfahren[40] vor den Vollstreckungskammern (s. Fn. 28), von denen 214 durch Beschluß und die übrigen durch Rücknahmen seitens der Gefangenen erledigt wurden. Im einzelnen war das Verhältnis von positiven Kammerentscheidungen zu Ablehnungen zu Rücknahmen 100 : 174 : 117. Den Begründungen der Kammerbeschlüsse waren zu 78,5 % Argumente und Umstände zu entnehmen, die für eine vorzeitige Entlassung, und zu 86 % (auch) solche, die gegen eine Strafaussetzung sprachen. Auf positive wie negative Aspekte wurde je Beschluß mit durchschnittlich jeweils etwa 2,5 Argumenten eingegangen. Auch zeigte sich, wenngleich weniger deutlich als bei den JVA-Stellungnahmen, daß – gemessen an dem geringen Anteil positiver Entscheidungen – die Erörterung günstiger Umstände und Eigenschaften des Gefangenen überproportional großen Raum einnahm.

Als Gründe, die für eine Aussetzung des Strafrests sprachen, verwandten die Vollstreckungskammern überwiegend solche des Verhaltens und der Entwicklung der Verurteilten während der Haft; nahezu jedes zweite positive Argument bezog sich auf diesen Bereich. Etwa jedes dritte positive Argument betraf Umstände nach der Entlassung, und nur jedes fünfte ging auf Aspekte des „Vorlebens" ein. – Bei Negativargumenten stand dagegen gerade der zuletzt genannte Bereich im Mittelpunkt: Mehr als die Hälfte bezogen sich auf als ungünstig beurteilte Umstände der Zeit vor der Inhaftierung. Zu etwa einem Drittel betrafen Negativargumente die Situation und die Entwicklung des Gefangenen während seiner Inhaftierung, und nur jedes sechste Negativargument hatte die Situation nach der Entlassung zum Gegenstand.

Schon hieraus läßt sich ersehen, daß in der niedergeschriebenen Beurteilung der Vollstreckungskammern die Profile positiver und negativer Aspekte nicht symmetrisch zueinander verlaufen. Betrachtet man die

---

[40] Ein Verfahren in dem hier gemeinten Sinne kann, wenn beispielsweise § 43 Abs. 3 StVollstrO Anwendung fand, mehrere Einzelstrafen mit unterschiedlichen Aktenzeichen einschließen (vgl. nunmehr § 454 b Abs. 2, 3 StPO, eingeführt durch 23. StRÄndG v. 13. 4. 1986).

einzelnen Argumente und vergleicht deren Häufigkeitsverteilung mit der Begründungsstruktur der JVA-Stellungnahmen[41], so ergeben sich weitere Differenzierungen[42].

aa) Hinsichtlich der *Positivargumente* erwähnten die Gerichte häufiger als Vollzugsanstalten ein insgesamt eher als günstig beurteiltes Legalverhalten vor der Inhaftierung (38,3 %); dabei stand die Feststellung einer Erstvollstreckung im Vordergrund. Insgesamt überwogen jedoch Argumente, die sich in erheblichem Ausmaß von dem Vollzugsgeschehen herzuleiten schienen, indes seltener als in Stellungnahmen der Vollzugsanstalten konkrete Umstände und Fakten enthielten. So erwähnten die Kammern in nur 4,7 % der Begründungen beanstandungslos verlaufenen Urlaub/Ausgang; ähnliches gilt für beanstandungsfreien offenen Vollzug (14,5 %), Nutzung von JVA-Angeboten (21,1 %) und Einhaltung der Anstaltsordnung (19,6 %). Dagegen wurden vergleichsweise häufig Beschlüsse mit Argumenten begründet, die zwar mit dem im Vollzug gezeigten Verhalten in Zusammenhang stehen (könnten), ohne daß sie jedoch im einzelnen auf objektivierbare Kriterien hätten zurückgeführt werden können. Positive Einschätzungen und Beurteilungen dieser Art bezogen sich auf: „Persönlichkeit" (2,3 %), „Persönlichkeitsentwicklung" während der Haft (4,7 %), Wirkung der Haft (14,0 %), Vorsätze und Einsichten des Verurteilten (9,8 %). Im übrigen spielten (bei der Betonung günstiger Umstände) die Verhältnisse nach der Entlassung eine ähnliche Rolle wie für die Vollzugsanstalten; Arbeit und, damit verbunden, „geordnete" wirtschaftliche Verhältnisse (im wesentlichen: Arbeitsplatz) wurden besonders häufig hervorgehoben (28,5 %), und ferner wurden kontinuierliche „soziale Beziehungen" (16,8 %) und eine gesicherte Wohnsituation (15,4 %) herausgestellt. Indes wurde in weniger als 1 % der Beschlüsse auf einen bei der Anhörung hinterlassenen positiven Eindruck des Gefangenen verwiesen.

Wie bereits erwähnt (s. oben vor aa), standen Situation und Lebensweise des Verurteilten vor seiner Inhaftierung im Mittelpunkt von *Negativargumenten.* Im einzelnen wurde auf Aspekte des Legalverhaltens in 41,1 % der Beschlüsse hingewiesen. Schwierigkeiten bei früheren Bewährungen wurden in 47,2 % vorgehalten, darunter 26,6 %, in denen wertend von Bewährungsversagen oder ähnlichem geschrieben wurde. 19,2 % der Beschlüsse führten das zugrundeliegende Delikt und/oder besondere Tatumstände an; dies implizierte in den meisten Fällen einen Hinweis auf

[41] S. Anhang S. 86–93.

[42] Ein Vergleich mit StA-Stellungnahmen erscheint wenig sinnvoll, da diese sich in bezug auf Ausführlichkeit erheblich von entsprechenden JVA- und StVK-Dokumenten unterschieden.

die Schuldschwere, woraus für die Frage einer bedingten Entlassung besonders strenge Maßstäbe abgeleitet wurden[43]. Dagegen wurden in den Beschlüssen – auch im Vergleich zu den JVA-Stellungnahmen – recht selten ungünstige Details des Vollzugsverhaltens und der Situation nach der Entlassung erwähnt: negatives Vollzugsverhalten in 3,3 %, Probleme bei Ausgang/Urlaub in 2,8 %, Versagen im offenen Vollzug/Freigang in 9,3 %, unzureichende Nutzung von Angeboten der JVA in 3,7 %. Indes spielten auch bei den Negativargumenten Einschätzungen und Beurteilungen eine vergleichsweise wichtige Rolle: Nachteile von der „Person" oder „Persönlichkeit" her (8,4 %), ungenügende Einsicht und Rechtstreue (11,2 %), mangelnde Wirkung der Haft (17,8 %), ungünstige Prognosen (16,4 %). Der Eindruck, den ein Gefangener bei seiner Anhörung hinterlassen hat, scheint (nach den hier ausgewerteten Quellen) auch bei den Negativargumenten von geringer Bedeutung; in nur 2,3 % der Beschlüsse wurde darauf hingewiesen.

Insgesamt ist festzustellen, daß die Vollstreckungskammern häufiger als Vollzugsanstalten Argumente verwandten, die auf nicht objektivierbaren Einschätzungen und Beurteilungen beruhten. Besonders deutlich wurde diese Diskrepanz bei den Negativargumenten, die die Bereiche Vollzugsverhalten und Situation nach der Entlassung berührten. Dies ist insgesamt kaum damit zu erklären, daß Kammern über negative Tatsachen und Umstände dieser Art hinweggegangen und solche in den Begründungen unerwähnt gelassen hätten. Vielmehr dürfte dieses Ergebnis mit dem Umstand in Zusammenhang stehen, daß auf 100 Ablehnungen immerhin 67 Rücknahmen erfolgten. Rücknahmen stellten eine wirksame Selbstselektion dar, wodurch die Zahl von Personen mit manifesten Merkmalsausprägungen i. S. von Negativargumenten (z. B. Versagen im offenen Vollzug, keine Wohnung nach der Entlassung), über deren Antrag ein Beschluß zu fassen war, erheblich verringert worden sein

---

[43] Vgl. o. 1. – Zur Illustration sei hier aus einem Beschluß zitiert, in dem eine Aussetzung unter Hinweis auf die Schuldschwere abgelehnt wird. „Zwar verbüßt der Verurteilte zum ersten Mal eine Freiheitsstrafe. In einem solchen Falle ist in der Regel davon auszugehen, daß der Vollzug den Täter hinreichend beeindruckt hat und der Begehung neuer Strafen ausreichend entgegen wirkt. Für die kritische Erprobung in Freiheit sind jedoch dann besonders strenge Maßstäbe anzulegen, wenn der Verurteilte mit seiner Tatbegehung die Mißachtung des Lebens oder der Gesundheit anderer offenbart hat. Dies trifft hier zu, weil der Verurteilte behilflich war, mit Drogen, unter anderem Heroin, also einem besonders gefährlichen Rauschgift, Handel zu treiben und dadurch andere Menschen schweren gesundheitlichen Gefahren auszusetzen. Bei einem solchen Täter kann das mit der Aussetzung des Strafrests verbundene Risiko gegenüber der Allgemeinheit nur verantwortet werden, wenn der Erfolg der Bewährungsprobe nicht nur möglich, sondern recht wahrscheinlich ist."

dürfte (vgl. näher u. 8.). Ablehnungen der Aussetzung des Strafrests wurden demzufolge überwiegend mit latenten Merkmalen und negativen Umständen des „Vorlebens" legitimiert.

bb) Die Wahrscheinlichkeiten, mit der einzelne Argumente mit Entscheidungen gleicher Richtung zusammenfielen[44], waren recht unterschiedlich und entsprachen insgesamt nicht ihrer Häufigkeitsverteilung. Positive „Zwei-Drittel-Entscheidungen" waren besonders wahrscheinlich, wenn die Kammern folgende Gründe und Umstände anführten: günstige Wirkung der Haft (10 : 1), positive Sozialprognose (10 : 2), Mitarbeit am Vollzugsziel (10 : 3), Wohnung bei Entlassung vorhanden (10 : 4), Arbeit bei Entlassung vorhanden (10 : 6). Diese Variablen korrelierten signifikant mit der Art des Kammerbeschlusses. – Ablehnungen einer bedingten Entlassung waren dagegen wahrscheinlich, wenn die Kammern feststellten, daß die Haft nicht die gewünschte Wirkung erzielt hätte (10 : 0), daß keine besonderen Umstände für eine vorzeitige Entlassung vorliegen würden (10 : 0), daß Zweifel hinsichtlich der Rechtstreue und Einsichtigkeit des Antragstellers bestünden (10 : 1), oder daß eine negative Legalprognose zu erstellen sei (10 : 1). Alle diese Variablen wiesen signifikante Korrelationen mit der Entscheidungsart auf.

Ein systematischer Überblick des Gewichts der Argumente einzelner Kategorien in der Entscheidungspraxis der Kammern geht aus Tabelle 25 und 26 hervor. Danach fielen positive Beurteilungen und Einschätzungen des Antragstellers (seiner „Gesinnung", seiner „Person", der Wahrscheinlichkeit zukünftiger Legalbewährung) beinahe regelmäßig mit Aussetzungen des Strafrests zusammen. Die Feststellung „geordneter" Lebensumstände nach der Entlassung (im wesentlichen: Wohnung, Arbeit) korrelierte zwar ebenfalls signifikant und stark mit der Kammerentscheidung, doch muß der unmittelbare Erklärungswert dieser Variablen für das Entscheidungsverhalten kritisch gewertet werden, da ihre Nennung bereits eine Selektion gegenüber der relativ großen Zahl von Antragstellern ausdrückt, die ebenfalls diese Merkmale aufwiesen; ähnliches gilt für Argumente, die eine günstige Beurteilung des „Vorlebens" zum Ausdruck brachten sowie für positive Beurteilungen des Vollzugsverhaltens und der Bewährung im offenen Vollzug. Die Nennung von Argumenten aller übrigen quantitativ wichtigen Kategorien vergrößerte die Chancen einer Strafaussetzung gegenüber ihrer durchschnittlichen Wahrscheinlichkeit kaum (und zumindest nicht signifikant).

[44] Das ist die Wahrscheinlichkeit, mit der positive Argumente mit Aussetzungen und negative Argumente mit Ablehnungen zusammentrafen.

Tabelle 25 Positive Argumente StVK, Beschluß StVK

	Häufigkeit d. Nennung	pos. : neg. Beschluß	Signi- fikanz	Gamma- wert
positive Beurteilung der Gesinnung d. VU	19,6 %	10 : 1	*	0,92
Wohnung nach Haft vorhanden	15,4 %	10 : 4	*	0,68
günstige Prognose erstellt	13,1 %	10 : 1	*	0,94
pos. Charakterisierung d. Person d. VU	7,0 %	10 : 1	*	0,93
pos. Beurteilung d. Legalverhaltens vor Haft	38,3 %	10 : 6	*	0,71
wirtschaftl. Verhältnisse nach Haft positiv	28,5 %	10 : 6	*	0,68
positives Vollzugsverhalten	18,7 %	10 : 5	*	0,67
offener Vollzug/Freigang erfolgreich	14,5 %	10 : 5	*	0,65
Disziplin, Hausordnung durch VU eingehalten	19,6 %	10 : 15		
soziale Beziehungen nach Haft vorhanden	16,8 %	10 : 10		
Angebote d. JVA genutzt (Therapie, Fortbildg. etc.)	12,1 %	10 : 14		
pos. Beurteilung d. in Haft geleisteten Arbeit	4,7 %	10 : 10		
Ausgang/Urlaub ohne Probleme verlaufen	4,7 %	10 : 23		

Tabelle 26 Negative Argumente StVK, Beschluß StVK

	Häufigkeit d. Nennung	neg. : pos. Beschluß	Signi- fikanz	Gamma- wert
negative Beurteilung der Gesinnung d. VU	19,6 %	10 : 0	*	1,00
ungünstige Prognose erstellt	16,4 %	10 : 0	*	1,00
offener Vollzug/Freig. mit Problemen/Ablösung	9,3 %	10 : 1	*	0,85
neg. Charakterisierung d. Person d. VU	8,4 %	10 : 0	*	1,00
Mangel an Gründen/Umständen für Aussetzung	6,5 %	10 : 0	*	1,00
wirtschaftl. Verhältnisse nach Haft negativ	5,1 %	10 : 1		
neg. Beurteilung d. Situation vor Haft	4,7 %	10 : 1		
JVA-Angebote nicht genutzt (Therap., Fortbildg.)	3,7 %	10 : 1		
neg. Vollzugsverhalten/schlechte Führung	3,3 %	10 : 2		
neg. Beurteilung früherer Bewährungen	47,2 %	10 : 4		
neg. Beurteilung d. Legalverhaltens vor Haft	41,1 %	10 : 4		
Delikt, Tatumstände – bes. Maßstäbe	19,2 %	10 : 5		

Insgesamt deutet sich damit eine sequenzielle Begründungslogik an: Konkrete Umstände, die für eine Aussetzung sprechen könnten, wurden in den Beschlüssen der Gerichte nicht regelmäßig angeführt. Wurden sie genannt, dann dienten sie zu einem nicht geringen Teil der Unterstützung von Beurteilungen und Einschätzungen, die eine sehr hohe Wahrscheinlichkeit positiver Entscheidungen aufwiesen.

Die Analyse des Gewichts negativer Argumentkategorien in der Entscheidungspraxis der Kammern ergibt ein leicht modifiziertes Bild. Auch hier korrelierten Bewertungen und Beurteilungen hochgradig, teilweise perfekt mit der Entscheidungsart[45]. Zusätzlich war bei Nennung verschie-

[45] Zur Illustration seien einige Beispiele aus Begründungen von Kammerbeschlüssen angeführt.

dener vollzugsspezifischer Argumente die Wahrscheinlichkeit einer vorzeitigen Entlassung sehr gering (Beanstandungen im offenen Vollzug, negatives Vollzugsverhalten, JVA-Angebote nicht genutzt). Gleiches gilt für die Antizipation eines nicht geordneten Arbeitslebens nach der Entlassung. Eine starke Korrelation mit der Entscheidungsart wies, wie schon bei den JVA-Stellungnahmen, die Feststellung auf, daß keine Gründe vorliegen würden, die eine vorzeitige Entlassung rechtfertigen könnten[46]. – Argumente, die sich auf ungünstige Aspekte des Vorlebens bezogen, wiesen entgegen ihrer quantitativen Prominenz insgesamt kein signifikantes Gewicht bei der Begründung von Entscheidungen auf. Trotz der Erwähnung besonderer Schuldschwere, negativen Verhaltens bei früheren Bewährungen oder von Vorverurteilungen erfolgten in etwa der Hälfte dieser Fälle positive Entscheidungen[47]. Dennoch kam es zu Kammerentscheidungen, bei denen (lt. Begründung) die Aussetzung des Strafrests ausschließlich oder überwiegend wegen vorhandener „Vorbelastungen", insbesondere wegen früherer Bewährungswiderrufe, abgelehnt wurde[48].

„Der Verurteilte ist labil und vermag Anreizen zur Begehung von Straftaten offenbar keinen ausreichenden Widerstand entgegenzusetzen. Anzeichen für eine Stabilisierung unter dem Einfluß des Strafvollzugs sind nicht in hinreichendem Maß erkennbar."

In einem anderen Fall erkannte das Gericht keine hinreichende Wandlung und stellte fest, „... daß der Verurteilte den Strafrest benötigt, um das noch vorhandene Persönlichkeitsdefizit aufzuarbeiten."

Dabei konnte es im Einzelfall für einen Gefangenen durchaus schwierig sein, solch eine Wandlung glaubhaft zu machen. In einem Beschluß wurde beispielsweise festgestellt: „Der Verurteilte lebte auch vor seiner Tat in geordneten Verhältnissen. Daher liefert die gute Führung keinen Anhaltspunkt für Persönlichkeitsveränderungen."

[46] Hieraus ergibt sich erneut ein Hinweis darauf, daß Aussetzungen des Strafrests zur Bewährung als Ausnahme verstanden werden.

[47] Allerdings ist dieses Ergebnis wiederum zu der Selektion in Beziehung zu setzen, die von Zustimmungsverweigerungen und Rücknahmen ausging. Diese „Filter" bewirkten, daß es für einen Teil der Gefangenen mit schwerwiegenden „Vorbelastungen" zu keinen Beschlüssen kam. Das „Vorleben" der von gerichtlich verwandten Negativargumenten dieser Art betroffenen Personen dürfte daher weniger (deutliche) Belastungsmerkmale aufweisen als das der Gefangenenpopulation insgesamt.

[48] So hieß es beispielsweise in einem Beschluß: „Der Verurteilte ist vorbestraft. Er hat es nicht verstanden, die ihm zugebilligte Bewährungschance zu nutzen. Er hat neue Straftaten begangen."

In einem anderen Fall, bei dem es ebenfalls zu einem Bewährungswiderruf kam, bemerkte die Kammer: „Bei einer solchen Sachlage kann das Risiko einer bedingten Entlassung nur gewagt werden, wenn bestimmte Umstände den Erfolg einer nochmaligen Bewährungsprobe recht wahrscheinlich machen. Solche Umstände liegen aber hier nicht vor."

8. *Quantitative Analyse der im Rahmen von „Zwei-Drittel-Verfahren" genannten Argumente und Umstände*

Um entsprechend den Umständen der Praxis die Argumente nicht nur einzeln und damit isoliert voneinander zu betrachten (s. oben 7.), wurden zwei zusätzliche Verfahren eingesetzt, die sensibel für das Zusammenwirken verschiedener Variablen (hier: Argumente) sind. Das erste beruht (wiederum) auf der Konstruktion von Indizes. Ein zweites stellt eine modifizierte Form der Regressionsanalyse dar.

a) Zusammenfassende Untersuchung der Argumente und Begründungen anhand von Indizes

Die in Tabelle 18 und 19 aufgelisteten Begründungen wurden in einen JVA-Index, die in Tabelle 25 und 26 angeführten in einen StVK-Index zusammengetragen (vgl. oben 6.). Entsprechend der aus diesen Tabellen abzulesenden Rangfolge hinsichtlich der Wahrscheinlichkeit eines Argumentes, mit einer Entscheidung gleicher Richtung zusammenzufallen, wurde jedem ein Wert zugeordnet. Positive Argumente erhielten je nach Stärke 0, + 1 oder + 2, negative entsprechend 0, − 1 oder − 2 Punkte. Sodann wurde für jeden Fall ein Gesamtwert errechnet und auf einer Skala plaziert. Abschließend wurden die Skalen auf folgende 5 Kategorien verdichtet: sehr positiv (+ +), positiv (+), neutral (0), negativ (−), sehr negativ (− −)[49].

Tabelle 27 Index Stellungnahmen JVA, Empfehlung JVA

Index Stellungnahmen JVA	+ +	+	0	−	− −
Empfehlung JVA					
- für Aussetzung	88,7 %	58,8 %	20,5 %	2,5 %	0,0 %
- gegen Auss./ohne Empfehlg.	11,3 %	41,2 %	79,4 %	97,5 %	100,0 %
abs. Zahl v. Stellungnahmen	71	68	68	80	57

Gamma = 0,87

Tabelle 28 Index Stellungnahmen JVA, Beschluß StvK

Index Stellungnahmen JVA	+ +	+	0	−	− −
Beschluß StVK					
- Aussetzung	67,2 %	43,5 %	33,3 %	9,1 %	3,7 %
- Ablehnung	32,8 %	56,5 %	66,7 %	90,9 %	96,3 %
abs. Zahl v. Stellungnahmen	61	46	36	44	27

Gamma = 0,61

[49] Kompliziertere Modelle wiesen gegenüber diesem keine Vorteile auf.

Tabelle 29 Index Begründung StVK, Beschluß StVK

Index Begründung StVK	++	+	0	–	– –
Beschluß StVK					
– Aussetzung	100,0 %	72,7 %	18,2 %	3,5 %	0,0 %
– Ablehnung	0,0 %	27,3 %	81,8 %	96,5 %	100,0 %
abs. Zahl v. Stellungnahmen	46	33	33	58	44

Gamma = 0,95

Tabellen 27–29 sind starke Korrelationen zwischen Indizes und instanziellen Entscheidungen zu entnehmen. Deutlich sichtbar wird dieser Zusammenhang durch die Art der Verteilung positiver und negativer Entscheidungen über die Index-Kategorien. Durchgängig hohe Gamma-Werte unterstreichen diese Beobachtung. Danach sind Entscheidungen von JVA und StVK weitgehend anhand der in Empfehlungen bzw. Beschlußbegründungen aufgeführten Argumente und Begründungen nachvollziehbar. In den extremen Kategorien („sehr positiv", „sehr negativ"), die jeweils zusammen rund 40 % der Fälle einschließen, ist die Übereinstimmung mit positiven und negativen Entscheidungen sogar nahezu vollständig. Allein in den Kategorien „positiv" und „neutral" überdecken sich positive und negative Entscheidungen in nennenswerter Weise. Diese mangelnde Trennschärfe muß nach dem hier vorgestellten Modell überwiegend solchen Entscheidungskriterien zugeschrieben werden, die nicht auf in Empfehlungen und Beschlüssen schriftlich fixierte Argumente und Begründungen zurückzuführen sind. Demnach handelt es sich dabei um latente oder implizite Kriterien.

Erwartungsgemäß ermöglichte die Kenntnis der in den JVA-Stellungnahmen vorgetragenen Argumente und Umstände nicht in gleicher Weise korrekte Prognosen der Entscheidungen von Vollstreckungskammern; der Grund hierfür ist insbesondere darin zu sehen, daß Stellungnahmen der Kategorie „sehr gut" nur zu 67,2 % mit positiven Kammerentscheidungen zusammenfielen. – Der Vergleich von Tabelle 27 und 28 verdeutlicht erneut, daß Rücknahmen des Antrags auf Aussetzung des Strafrests überwiegend durch Personen mit negativen Stellungnahmen erfolgten; denn der Vergleich der absoluten Zahlen gleicher Kategorien zeigt bei den ungünstigen Indexwerten größere Differenzen. So kam es von den ursprünglich 57 Stellungnahmen der Kategorie „sehr negativ" bei nur 27 (= 47,4 %) zu einem Kammerbeschluß; in der Kategorie „sehr positiv" war dies dagegen bei 85,9 % der Stellungnahmen der Fall.

b) Zusammenfassende Untersuchung der Argumente und Begründungen anhand von Regressionsanalysen

Aus den in die JVA- und StVK-Indizes eingegangenen Argumentkategorien wurden Variablensätze mit 39 bzw. 41 Einzelvariablen erstellt und in eine multivariate lineare Regressionsanalyse eingegeben[50].

Diese Analysen bestätigen die bisherigen Untersuchungsergebnisse: JVA-Empfehlung und StVK-Beschluß sind weitgehend anhand der von diesen Instanzen vorgetragenen Argumente und Begründungen nachzuvollziehen; denn 79,7 % der Varianz bei den JVA-Empfehlungen und 89,2 % der Varianz bei den StVK-Beschlüssen können mit den in dieses Modell eingegangenen Variablen erklärt werden.

Zusammenfassend läßt sich feststellen, daß anhand der durch Analysen von JVA-Stellungnahmen und StVK-Beschlüssen identifizierten Argumente und Begründungen instanzielles Entscheidungsverhalten recht zuverlässig prognostiziert werden konnten. Allerdings bestanden zwischen Vollzugsanstalt und Kammer bei positiven Entscheidungen Differenzen hinsichtlich der zugrundegelegten Entscheidungskriterien. Folge davon ist eine partiell mangelnde Übereinstimmung von Anstaltsempfehlungen und Kammerbeschluß.

9. *Rücknahme des Antrags auf Aussetzung des Strafrests zur Bewährung*

Soweit den Anhörungsprotokollen explizite Hinweise zu entnehmen waren, spielten bei Rücknahmen folgende Gründe eine Rolle: allgemeiner Hinweis auf Aussichtslosigkeit (37,2 %), ungünstige Sach- und Rechtslage (23,3 %), negative Stellungnahme StA (22,1 %), negative Stellungnahme JVA (12,8 %), Verweis auf Entlassungsmöglichkeit gemäß § 456 a StPO (11,6 %), neues/offenes Verfahren (10,5 %), „Vorbelastungen" (4,2 %), Verweis auf Gnadenweg (3,5 %), sonstige Gründe (11,6 %). Danach fanden Rücknahmen fast ausschließlich zur Vermeidung negativer Kammerentscheidungen statt.

Daß diese Erwartungen negativer Entscheidungen realistisch waren, zeigt die Analyse der JVA-Stellungnahmen von Verurteilten, die ihren „Zwei-Drittel-Antrag" zurückzogen. Diese Stellungnahmen beinhalteten überdurchschnittlich viele negative oder neutrale Empfehlungen, was sich auch in der Argumentationsstruktur widerspiegelt. Es wurden deutlich weniger starke positive Argumente angeführt (vgl. Tab. 18), günstige

---

[50] Diskrete Variablen wurden dadurch in zwei Sätze sogenannter „Dummy-Variablen" transformiert. Diese besitzen dichotome Werte und genügen damit den Anforderungen einer Regressionsanalyse (*Hanushek/Jackson*, 1977).

Umstände mit weniger Gewicht dagegen mit einer ähnlichen Häufigkeit genannt. Negative – starke wie weniger starke (vgl. Tab. 19) – Argumente waren in diesen Stellungnahmen überrepräsentiert; aufgrund der geringeren Zahl positiver Argumente erhielten diese zusätzliches Gewicht. – In den staatsanwaltschaftlichen Stellungnahmen betreffend Verurteilte, die ihren Antrag zurückzogen, wurden nur selten (13,7 %) überhaupt positive Umstände angeführt. Die Struktur negativer Argumente war nicht auffallend (vgl. Tab. 23). Allein auf Vorverurteilungen und Versagen bei früheren Bewährungen wurde etwas häufiger hingewiesen.

Vollzugsanstalten und Staatsanwaltschaft unterzogen jedoch die in diesen Stellungnahmen vorgetragenen Argumente und Begründungen keiner von der übrigen Praxis abweichenden Bewertung. Insofern hatten diese Instanzen keinen zusätzlichen steuernden Einfluß auf die Rücknahmerate.

10. Zusammenfassung

a) Obgleich aufgrund von Zustimmungsverweigerungen (nahezu 40 %) ein erheblicher Teil der Fälle mit besonders geringer Aussicht auf vorzeitige Entlassung nicht zur Entscheidung gelangte, sprachen sich die Vollzugsanstalten bei nur 35,6 % der Anträge für eine Aussetzung des Strafrests aus. Ohne Empfehlung blieben weitere 20,3 %; diese waren jedoch, wie die Untersuchung des weiteren Verfahrens zeigte, Negativvoten nahezu gleichzusetzen. Noch seltener war die Staatsanwaltschaft der Ansicht, daß eine vorzeitige Entlassung vertretbar sei. In nur 21,1 % der Fälle beantragte sie eine Aussetzung des Strafrests. Die Vollstreckungskammern schließlich entschieden 25,9 % der Anträge positiv; 31,4 % wurden durch die Gefangenen – überwiegend beim Anhörungstermin – zurückgezogen. – Nach Zustimmungsverweigerungen stellen Rücknahmen somit einen weiteren „Filter" dar, durch den aussichtslose Fälle wirkungsvoll aus den „Zwei-Drittel-Verfahren" ausgesondert werden.

aa) Allerdings wiesen die verschiedenen Vollstreckungskammern durchaus Unterschiede in ihrer Erledigungsstruktur auf. Bei den sogenannten kleinen Kammern, die insgesamt über vergleichbare Fälle zu entscheiden hatten, schwankten die Anteile positiver Beschlüsse zwischen 10,8 % und 31,0 %, die ablehnender zwischen 21,4 % und 64,9 %, und Rücknahmeraten lagen zwischen 24,3 % und 47,6 %. Diese starken Streuungen deuten auf unterschiedliche Handlungsstile der befaßt gewesenen Richterpersonen hin.

bb) Zwischen den Empfehlungen der Vollzugsanstalten, den staatsanwaltschaftlichen Anträgen und den Kammerbeschlüssen bestehen starke Korrelationen. Dennoch ist die Übereinstimmung keineswegs vollständig. So schlossen sich nur in 51,6 % der Fälle die StA und in 58,3 % die Vollstreckungskammern einer Befürwortung der Strafrestaussetzung durch die JVA an. Bei negativen JVA-Empfehlungen war die Übereinstimmung wesentlich höher; in diesen Fällen kam es kaum zu vorzeitigen Entlassungen gemäß § 57 StGB. Die stärkste Korrelation besteht zwischen StA-Anträgen und Kammerentscheidungen; aber selbst hier ergingen 23,2 % Ablehnungen trotz positiver Voten durch die StA.

cc) Gefangene, deren Antrag auf bedingte Entlassung abgelehnt wurde, legten relativ häufig Beschwerde gegen diesen Beschluß ein (32,5 %). Der mit diesen Beschwerden befaßte Strafsenat bestätigte jedoch weitgehend das Entscheidungsverhalten der Kammern; nur 8 % der Beschwerden waren erfolgreich. Insofern trägt die Entscheidungspraxis der übergeordneten Instanz die restriktive Strategie in Anwendung des § 57 Abs. 1 StGB (vgl. auch u. IV. 1. b).

b) Die Inhaltsanalyse der Stellungnahmen von JVA und StA sowie der Begründungen der Vollstreckungskammern ergab, daß instanzielle Entscheidungen, wie sie Empfehlungen, Anträge und Beschlüsse darstellen, insgesamt weitgehend anhand der in diesen Dokumenten angeführten Umstände, Gründe und Argumente nachvollzogen werden können. Insofern ergibt sich das Bild einer professionalisierten Entscheidungspraxis, die im schriftlich dokumentierten Teil an rationalen, meist dem einzelnen Fall übergeordneten Kriterien orientiert zu sein scheint, wenngleich eine eingehendere Untersuchung einzelne Besonderheiten erkennen läßt.

aa) *Vollzugsanstalten* trugen in ihren Stellungnahmen schwerpunktmäßig Argumente vor, die Verhalten und Umstände des Verurteilten während der Haft zum Gegenstand haben. Dem Vorleben und der zu erwartenden Situation nach der Haftentlassung wurde ein geringerer Stellenwert beigemessen. Bei Empfehlungen, die auf positive Aspekte hinwiesen, fällt auf, daß nicht regelmäßig alle Umstände und Fakten genannt wurden und daß die Mehrzahl der quantitativ wichtigen Argumente (z. B. positive Beurteilung der Arbeitsleistung und -motivation, Einhalten der Hausordnung und der Anstaltsdisziplin, Vorhandensein einer festen Wohnmöglichkeit nach der Entlassung) sich nur schwach, nicht oder sogar negativ auf die Empfehlung auswirkten. Zuverlässiger konnten Befürwortungen einer Aussetzung prognostiziert werden, wenn die Vollzugsanstalten positive Ansichten und Einschätzungen anführten (z. B. günstige Beurteilung des Vollzugsverhaltens, der „Person" und der „Gesinnung" des Gefangenen); negative Empfehlungen wurden dagegen stärker mit Argumenten begründet, die sich auf Fakten und konkrete Umstände beziehen (z. B. unzureichende Nutzung pädagogischer und therapeutischer Angebote, Mangel an „sozialen Beziehungen", keine Wohnmöglichkeit nach Entlassung, Probleme bei Ausgang/Urlaub oder im offenen Vollzug). Hervorzuheben ist, daß negative Aspekte des Vollzugsverhaltens (insbesondere Disziplin und Hausordnung) zwar relativ häufig erwähnt wurden, jedoch nicht regelmäßig zu Ablehnungen führten; das gleiche galt für Vorverurteilungen. Wichtige Gründe für Ablehnungen waren dagegen z.B. Beanstandungen bei früheren Bewährungsaussetzungen. Insofern waren in den Stellungnahmen durchaus formalisierte Argumentationslinien zu finden, die möglicherweise mit einer Antizipation richterlichen Begründungs- und Entscheidungsverhaltens zu erklären sind. Ähnlich ist auch die Tatsache zu bewerten, daß immerhin 5 % der Stellungnahmen Befürwortungen aufgrund indirekter Argumentation ausblieben: Weil keine besonderen Gründe und Umstände erkennbar sind, die für eine Aussetzung sprachen, sei diese abzulehnen.

bb) Die stark restriktive Haltung der *Staatsanwaltschaft* ließ sich anhand ihrer Stellungnahmen leicht nachvollziehen. Positive Aspekte wurden nur selten erwähnt. Die Stellungnahmen waren vergleichsweise knapp gehalten, und in der Regel wurden nur ein oder zwei Argumente zur Begründung des jeweiligen Antrags angeführt. Dabei bildeten statische Aspekte einen Schwerpunkt (Legalverhalten, Verlauf früherer Bewährungen, Delikt und Tatumstände). Die Situation während der Haft wurde selten direkt erwähnt; häufiger waren Hinweise auf die JVA-Stellungnahmen. Die Praxis der StA erscheint insgesamt recht formalisiert, und sie scheint nur in seltenen Fällen Aspekte in die „Zwei-Drittel-Verfahren" zu tragen, die sonst unberücksichtigt geblieben wären.

cc) Hinsichtlich der Artikulation der *Verurteilten* konnte den vielfältigen Funktionen der Anhörung im Hinblick auf deren enggestalteten zeitlichen Rahmen nur eingeschränkt Rechnung getragen werden (vgl. auch u. IV. 1.c). Zu etwa 75 % dauerten die Anhörungen nur 10 Minuten oder weniger. Von den Verurteilten während ihrer Anhörung vorgetragene Argumente bezogen sich überwiegend auf ihre Situation im Falle einer vorzeitigen Entlassung; sie verwiesen häufig auf einen vorhandenen oder versprochenen Arbeitsplatz, eine geregelte Wohnsituation, eine geordnete wirtschaftliche Lage, auf ihr Eingebundensein in feste „soziale Beziehungen", die erfolgreiche Lösung von Alkohol- und Drogenproblemen bzw. den Wunsch, eine Therapie zu beginnen. Die Gefangenen benannten Aspekte, die in den instanziellen Stellungnahmen häufig fehlten, bzw. weniger differenziert dargestellt wurden.

dd) Die *Vollstreckungskammern* sahen Gründe für die Aussetzung des Strafrests überwiegend in Umständen, die mit der Situation, dem Verhalten und der Entwicklung des Verurteilten während der Inhaftierung zusammenhängen. Ausschlaggebend waren dabei positive Beurteilungen und Einschätzungen (z.B. vorteilhafte Wirkung auf die „Gesinnung" des Antragstellers, günstige Charakterisierungen der „Person" des Antragstellers, positives Vollzugsverhalten). Deutlicher noch als im Falle der Vollzugsanstalten wurde auf konkrete Fakten und Umstände nur selektiv eingegangen (beispielsweise beanstandungsloser Ausgang/Urlaub, Bewährung im offenen Vollzug). Relativ oft erwähnten die Kammern das Vorhandensein eines Arbeitsplatzes, einer Wohnmöglichkeit und stabiler „sozialer Beziehungen" für die Zeit nach der Entlassung. Allerdings wurden auch diese Faktoren nicht regelmäßig und häufig nur dann genannt, wenn sie direkt der Legitimierung einer positiven Prognose dienten. – Gründe gegen eine Aussetzung des Strafrests fanden die Kammern überwiegend im Vorleben der Antragsteller (negativer Verlauf früherer Bewährungsaussetzungen, Vorverurteilung, Delikt und Tatumstände). Diesbezügliche Angaben hatten jedoch bei der Beschlußfindung wiederum weniger Gewicht als verschiedene Beurteilungen und Einschätzungen, denen zufolge eine Aussetzung des Strafrestes nicht verantwortbar sei. Meinten Vollstreckungskammern beispielsweise, daß die Haft ohne günstige Wirkung auf die „Gesinnung" des Antragstellers geblieben sei oder daß die „Person" bzw. „Persönlichkeit" negativ zu sehen sei, dann waren mit sehr großer Wahrscheinlichkeit Ablehnungen zu erwarten. Gleiches galt für Abweichungen von einer – ggfs. weithin nur implizit angenommenen – Norm: Gefangene, die sich im offenen Vollzug nicht bewährten, die keinen Arbeitsplatz nachweisen konnten, deren Verhalten im Vollzug nicht beanstandungsfrei geblieben war, die nicht in angemessener Weise pädagogische und therapeutische Angebote der Vollzugsanstalten nutzten, durften kaum eine positive Entscheidung erwarten. Hierbei handelte es sich jedoch um eine vergleichsweise kleine Gruppe; Zustimmungsverweigerungen und Rücknahmen hatten die Zahl derer, die „ursprünglich" negative Merkmale dieser Art aufwiesen, erheblich schrumpfen lassen. Ähnlich wie durch die Vollzugsanstalten wurden auch durch Vollstreckungskammern negative Voten relativ häufig auf indirektem Weg begründet: Weil besondere positive Umstände fehlten, unterblieb eine Aussetzung des Strafrests.

Die Entscheidungen der Vollstreckungskammern waren insgesamt anhand der in den Beschlüssen angeführten Argumente und Begründungen formell weitgehend nachvollziehbar. Allerdings war dies nicht allein durch ein gegenseitiges Abwägen positiver und negativer Umstände möglich. Ausschlaggebend waren häufig Kriterien, die nicht unmittelbar auf konkrete Tatbestände zurückzuführen waren. Erfolgen Entscheidungen jedoch nicht regelmäßig anhand eines allen Verfahrensbeteiligten weitgehend objektivierbaren Kriterienkataloges, so ist ein hoher Informationsstand über Umstände und Details der zu entscheidenden Fälle besonders wichtig. Indes waren den Akten nicht immer in ausreichendem Maße Angaben zu solchen Variablen zu entnehmen, die als prognostisch wichtig erachtet wurden. Stellungnahmen der Vollzugsanstalten deckten in nahezu 50 % der Fälle nicht alle relevanten Bereiche ab, und staatsanwaltschaftliche Stellungnahmen betonten selten Aspekte, die außerhalb eines von Routine geprägten Wahrnehmungsbereichs liegen.

IV. Würdigung der Untersuchungsergebnisse

Wenngleich in der Vorschrift des § 57 Abs. 1 StGB die einschlägigen Voraussetzungen für Entscheidungen über Strafrestaussetzungen festgelegt sind, bleibt die Gewichtung der Kriterien für Entscheidungen über bedingte „Zwei-Drittel-Entlassungen" dem richterlichen Ermessen vorbehalten. Der Vergleich mehrerer Untersuchungen zu diesem Komplex (Erster Teil, II.) sowie die Auswertung von Daten des Bundeszentralregisters (Erster Teil, I.) lassen hierbei regionale Unterschiede im Sinne einer Ungleichheit richterlichen Entscheidungsverhaltens erkennen.

1. Restriktive Entscheidungspraxis und deren Merkmale

Die vorliegende Untersuchung konnte die Einschätzung einer zurückhaltenden Aussetzungspraxis der Berliner Strafvollstreckungskammern aufgrund der Analyse umfangreichen Datenmaterials bestätigen. Dies ergibt sich zunächst aus dem Ergebnis, daß sich die nach den verschiedenen Rechtsvorschriften entlassenen Gefangenengruppen (untersucht wurden Endvollstreckungen sowie vorzeitige Entlassungen nach § 57 StGB, §§ 455 a, 456 a StPO und Entlassungen im Gnadenwege) in abgrenzbarer Weise in bezug auf strafrechtlich relevante „Vorbelastungen", sozialen Hintergrund, Verhalten und Situation während der Inhaftierung sowie zu erwartende Lebensumstände nach der Haftentlassung unterschieden. Die genannten Entlassungsmöglichkeiten erscheinen daher in ihrer Anwendung insoweit als nicht alternativ. Gründe für niedrige Anteile von Strafrestaussetzungen nach § 57 Abs. 1 StGB an den Haftentlassungen sind somit weniger in einer spezifischen rechtspolitischen Situation (umfängliche Gnadenpraxis, zeitweiliger Vollstreckungsstopp und Strafunterbrechung gemäß § 455 a StPO), als vielmehr in Entscheidungskriterien und -maßstäben der Strafvollstreckungskammern zu vermuten.

a) Die Untersuchung ergab im einzelnen, daß Berliner Strafvollstreckungskammern ihren (schriftlichen) Begründungen von Entscheidungen gemäß § 57 Abs. 1 StGB Kriterien zugrunde legten, die insgesamt denen der Kammern anderer Regionen zu entsprechen scheinen. Die Entscheidungspraxis stellte sich als spezialpräventiv orientiert und von Kriterien geleitet dar, die im weiteren Sinne als prognostisch zu bezeichnen sind. Unterschiede scheinen dagegen hinsichtlich der Gewichtung der in die Entscheidungen eingehenden Variablen zu bestehen.

So hat die Untersuchung der Entscheidungspraxis in Hessen (*Böhm/Erhard*, 1984) beispielsweise ergeben, daß bei Vorliegen bestimmter Merkmale und Umstände, wie etwa Bewährung im Freigang oder ohne Beanstandungen verlaufender Urlaub, Aussetzungen des Strafrests fast regelmäßig zu erwarten waren (hier in 92% bzw. 89% der Fälle). Die Ergebnisse weiterer Studien deuten darauf hin, daß positiven Kammerentscheidungen auch in anderen Regionen Kriterien zugrunde lagen, die sich auf Fakten und konkrete Umstände bezogen. Die Berliner Praxis setzte zwar gleichfalls an solchen objektivierbaren Kriterien an, verlangte aber tendenziell darüber hinaus besondere Hinweise für eine (mitunter sogar hohe) Wahrscheinlichkeit zukünftiger Legalbewährung durch die Antragsteller; insofern sind *Abweichungen* von der h. M. in der *Gesetzesauslegung* und dem Verständnis von der gesetzlichen Formulierung „zu erproben" nicht auszuschließen (s. o. III. vor 1.). So konnten in Berlin beispielsweise auch dann nicht regelmäßig positive Entscheidungen erwartet werden, wenn Verurteilte allein eine größere Zahl positiver Merkmale aufwiesen (z. B. Wohnung und Arbeit vorhanden, gute Führung, kein Mißbrauch von „Vollzugslockerungen", Verurteilung erfolgte nicht aufgrund von Delikten, die eine Gefährdung für die Allgemeinheit darstellen). Regelmäßige Aussetzungen waren nur dann festzustellen, wenn die Gerichte explizit zu einer positiven Einschätzung der „Person" oder der „Gesinnung" eines Gefangenen gelangten. Für solche positiven Beurteilungen zeigten sich vorteilhafte objektive Umstände zwar als notwendige, jedoch nicht als hinreichende Bedingung. Hinzu kamen somit latente Faktoren, die den Kammerbeschlüssen und (schriftlichen) -begründungen nicht eindeutig zu entnehmen waren[51].

b) Die Analyse der Gründe und Argumente, die Berliner Vollstreckungskammern gegen eine Aussetzung des Strafrests anführten, bestätigte den Eindruck eher von der h. M. abweichender Entscheidungsmaßstäbe. Zwar wurden Ablehnungen einer bedingten Entlassung insgesamt gleichsam spiegelbildlich zu Zustimmungen legitimiert (d. h. auch hier standen Beurteilungen und Einschätzungen im Vordergrund), doch wurden statische Faktoren in einer Weise in die Entscheidungsfindung einbezogen, die positive Beschlüsse erheblich erschwerten: Unabhängig von der Frage

---

[51] S. ähnlich zu rational nicht überprüfbaren Aspekten in der Hamburger Praxis *Northoff*, 1985, S. 21. Zu Problemen der fachlichen Geeignetheit von Richterpersonen in Strafvollstreckungskammern vgl. krit. *Rotthaus*, 1985, S. 328–330, 338.

Anläßlich eines Gesprächs mit Richtern der Berliner Strafvollstreckungskammern (s. näher im Text b) wurde seitens der Verfasser das Problem *latenter Informationen* (z. B. informelle Unterredungen oder auch Anregungen zwischen Bediensteten der JVAen und Richterpersonen der StVK) thematisiert, deren Existenz seitens der Richterpersonen jedoch (entgegen allgemeinen organisationssoziologischen Erkenntnissen) verneint.

einer Erstvollstreckung wirkten sich Vorverurteilungen und insbesondere Bewährungswiderrufe negativ aus[52]; Vorverurteilungen und Bewährungswiderrufe sind jedoch bei einem Großteil der Gefangenen gegeben. Lagen solche „Vorbelastungen" nicht vor, dann wurde eine Aussetzung häufig unter Hinweis auf die besondere Schwere des Delikts abgelehnt. Diese Praxis mag, verbunden mit den konkreten Erwartungen hinsichtlich als positiv zu beurteilender Faktoren im Arbeits- und Sozialbereich (im engeren Sinne), dazu führen, daß die Entscheidungs- und Begründungsstrategie als partiell statusbefangen beurteilt werden könnte. Darüber hinaus bleibt zweifelhaft, ob es sich bei den seitens der von den Vollstrekkungskammern in den Vordergrund gerückten Merkmalsausprägungen, Wertungen und Eindrücken primär um solche i. S. einer Kriminoresistenz oder aber vielmehr einer Konviktoresistenz handelt.

Die am 30. September 1986 durchgeführte Unterredung (nebst unmittelbarer Protokollierung durch die Verfasser) mit absolut sechs Richterpersonen Berliner Strafvollstreckungskammern, die sich nur zu einer gemeinsamen Gesprächsrunde (im Beisein des Vorsitzenden der beiden großen Kammern) – nicht aber zu Einzelgesprächen – bereitfanden, bestätigte, daß tendenziell von der Endvollstreckung ausgegangen und lediglich im konkreten Fall anhand verschiedener Merkmale geprüft wird, ob ausreichend starke positive Hinweise vorliegen, die eine Durchbrechung des Regelfalls erlauben. Zweifel hinsichtlich der Vertretbarkeit oder zumindest Geeignetheit der verwandten Merkmale wurden nicht geäußert, wohl aber betont, daß man „ganz auf der Linie des Kammergerichts" liege und sich an die vom Kammergericht „festgelegten Kernsätze, die immer wiederkommen", halte.

aa) Für eine Aussetzung des Strafrests bei *Gewaltdelikten* (insbesondere Raub) würden ein überdurchschnittlicher Haftverlauf (z. B. ein starkes Eingebundensein in die Rechts- und Sozialordnung, „soziale Beziehungen" nach der Entlassung) einschließlich eines längeren beanstandungslosen Freiganges und ggfs. das Abzahlen von Schulden als spezifische Indikatoren für die bei diesen Delikten[53] zu fordernde „gewandelte Einstellung zur Rechtsordnung" gelten[54].

---

[52] So heißt es beispielsweise in einer ablehnenden Kammerentscheidung recht lapidar: „Nach der ständigen Rechtsprechung der Kammer und des Kammergerichts kommt bei einem Bewährungsversager eine erneute Strafaussetzung zur Bewährung nur in Betracht, wenn tatsächliche Anhaltspunkte für eine gewandelte Einstellung des Verurteilten zur Rechtsordnung und seine Fähigkeit, dem entsprechend zu handeln, vorhanden sind, und daher ein Erfolg der kritischen Probe in Freiheit hinreichend wahrscheinlich ist."

[53] Vgl. allg. oben III. vor 1.

[54] Generell bemerkte eine Richterperson unwidersprochen: „Je schwerer die Tat, um so Horrenderes muß er bringen". Ob hiermit ein Widerspruch dazu in

Bei *Sexualdelikten* würden, abgesehen von etwaigen medizinischen oder therapeutischen Stellungnahmen, vorhandene „soziale Beziehungen" auf ihre Stabilität hin überprüft.

Bei *Drogendelikten* müßten zusätzlich besondere Anhaltspunkte dafür vorliegen, daß die Verurteilten keine neuen Straftaten begehen werden. Diese Voraussetzung könnte insbesondere durch Kooperation mit der Kriminalpolizei erfüllt werden; bei einem wegen solcher Delikte Verurteilten könne „erwartet werden, daß er jetzt aktiv auf Seiten der Justiz mitarbeitet"[55]. – Hierbei ergaben sich anschauliche Erläuterungen dazu, wie in dem einschlägigen Bereich „Zuträger" gewonnen werden. Abgesehen von dem damit verbundenen latenten Druck zu einer speziellen Form der Selbstgefährdung erscheint die Zulässigkeit der Mitarbeit bei der Aufdeckung von Straftaten anderer als prognostisches Kriterium zweifelhaft.

Bei sogenannten *„Intelligenztätern"* (insbesondere Betrug) würden besondere Anforderungen an Zukunfts- und Berufsperspektiven gestellt, da diese Verurteiltengruppe ausweislich ihres Verhaltens während des Vollzuges nicht „auszumachen" und die Tatbegehung weniger vom Lebensalter abhängig sei.

bb) Bei sogenannter „Kleinkriminalität" könnte es zu positiven Kammerentscheidungen kommen, wenn aufgrund gleichsam äußerer Umstände neue Straftaten unwahrscheinlich geworden seien (z. B. ein lediglich wegen Fahrens ohne Führerschein Verurteilter hat inzwischen den Führerschein erworben, oder im Falle eines wegen Unterhaltspflichtverletzung Verurteilten ist die Unterhaltspflicht inzwischen erloschen).

cc) Ferner komme für positive Entscheidungen wesentliche Bedeutung dem Umstand zu, daß ein Verurteilter in einer sozialtherapeutischen Anstalt war, welcher Umstand nicht etwa wegen einer unterstellten Effizienz der dort verwandten Methoden, sondern wegen der erheblichen Selektion bei der Aufnahme als „positives Zeichen" gelte. Ähnliche Bedeutung könne es haben, wenn die Straftaten des Verurteilten im Zusammenhang mit Alkoholkonsum standen, der Betreffende inzwischen jedoch eine entsprechende Therapie erfolgreich durchlaufen habe.

dd) Weiterhin könne einem während der Haft erreichten schulischen und/oder beruflichen Abschluß[56] oder aber einer Stabilisierung des sozia-

---

Erscheinung trat, daß nach ganz h. M. (vgl. nur *Dreher/Tröndle*, 1985, § 57 Rdn. 8) Gesichtspunkts der Schuldschwere oder der Generalprävention nicht berücksichtigt werden dürfen, bleibt ungeklärt.

[55] So äußerte eine Richterperson ohne Widerspruch oder Einschränkung durch die anderen.

[56] Beruf sei „enorm wichtig, Mitkriterium Nr. 1", meinte eine Richterperson unter Zustimmung der anderen.

len Umfeldes, sofern die Partnerpersonen als positiv beurteilt werden[57], eine positive Relevanz zukommen.

ee) Darüber hinaus und eher verfahrensrechtlich aufschlußreich erwähnten die Richterpersonen die Möglichkeit positiver Entscheidungen zeitlich nach dem „Zwei-Drittel-Zeitpunkt", sofern günstige Entwicklungen, die sich bereits bei der ersten Anhörung abzeichneten, fortgedauert hätten. Tendenziell problematisch könnte hierbei die Voraussetzung sein, daß insoweit anläßlich der ersten Anhörung faktisch gleichsam Weisungen bzw. Auflagen an die Verurteilten erteilt werden.

c) Ein wesentlicher Aspekt des in Rede stehenden *Problem*bereichs liegt in der Frage nach etwaigen *materiellen Grundlagen* der ausschlaggebenden Beurteilungen und Einschätzungen der Berliner Vollstreckungskammern. Hierzu ergab die Analyse, daß die Anhörungen der Verurteilten aufgrund ihrer Kürze insgesamt nicht als ausreichende Informationsquelle betrachtet werden können[58].

Während des erwähnten Expertengespräches mit Richterpersonen der Vollstreckungskammern bezeichneten diese die Anhörungen insgesamt als wichtig und unverzichtbar, da sie geeignet seien, Unklarheiten sofort zu klären, an Ort und Stelle Nachfragen auch bei Dritten durchzuführen sowie auftretende Zweifel zu beseitigen. In einem gewissen Anteil der Fälle habe die Anhörung indes die „Funktion eines juristischen Lendenschurzes", meinte eine Richterperson. Die Kürze der Anhörungen erkläre sich einerseits aus dem Termindruck der Kammern, andererseits aber auch aus der Tatsache, daß die Fälle anhand der Akten vorbereitet würden und im Gespräch mit dem Verurteilten sofort spezifische Details und Umstände angesprochen werden könnten[59]. Das Problem, daß diese Vorgehensweise möglicherweise solche Verurteilte bevorzugt, die sich auf den entsprechenden Kommunikationsstil einzustellen vermögen, wurde ebensowenig erwähnt wie die situativ belastende Wirkung etwaiger Wartezeiten unmittelbar vor der Anhörung; vielmehr wurde betont, daß Anhörungen nur sinnvoll seien, wenn der Verurteilte gesprächsbereit sei.

---

[57] „Wir wollen feste, seriöse Beziehungen", meinte eine Richterperson unter Zustimmung der anderen.

[58] Zur Fragwürdigkeit des „persönlichen Eindrucks" schon aufgrund der Selektivität jeder Wahrnehmung. S. für die Hamburger Praxis *Northoff*, 1985, S. 21.

[59] Ein Beispiel für Grenzen der Methode eines (bloßen) Experten-Gespräches ergab sich in diesem Zusammenhang insofern, als die Äußerung einer Richterperson den Eindruck hätte erwecken können, Anhörungen würden im allgemeinen etwa 15–20 Minuten dauern. Demgegenüber weist die Auswertung der richterlich veranlaßten Anhörungsprotokolle aus, daß nur 11, 3 % aller Anhörungen länger als 15 Minuten dauerten (s. näher o. III. 3. b).

Sei der Gefangene „verstockt, verkrampft oder frech“[60], werde die Anhörung abgebrochen.

2. *Verbesserungsfähigkeit der Stellungnahmen der Justizvollzugsanstalten und der Staatsanwaltschaft*

a) Den Empfehlungen der Vollzugsanstalten scheint ein beachtlicher Stellenwert in der Entscheidungsfindung der Kammern zuzukommen, zumal Anstaltsempfehlungen und Kammerbeschlüsse sich überwiegend decken. Allerdings hat sich hier ergeben, daß die JVA-Stellungnahmen in bezug auf Ausführlichkeit und Qualität insgesamt recht uneinheitlich sind. Dies ist u. a. damit zu erklären, daß in Fällen einer Verlegung kurz vor Abgabe der Stellungnahme nicht regelmäßig der zuständige Gruppenleiter der bisher zuständigen Anstalt kontaktiert und um Auskunft über den Verurteilten gebeten wurde. Dagegen wäre es förderlich, wenn in den Berichten regelmäßig zu allen wesentlichen prognostischen Kriterien Stellung bezogen würde, und zwar insbesondere deshalb, weil ausführliche Berichte signifikant mit positiven Stellungnahmen durch die Vollzugsanstalten wie auch mit positiven Entscheidungen durch die Gerichte korrelierten. Hier gilt es auch zu bedenken, daß eine ausführliche Beschäftigung mit dem einzelnen Gefangenen dazu beitragen kann, günstige Aspekte und Umstände deutlicher sichtbar werden zu lassen und ein Gegengewicht zu der eher von negativen Stereotypen geprägten Aussetzungspraxis zu bieten. – Zu den Stellungnahmen der Anstalten ist ferner zu bemerken, daß der Erwähnung von „Vorbelastungen“ relativ viel Raum gegeben wurde, obwohl es sich dabei um Variablen handelt, die nur eingeschränkt „Re-Sozialisierungsbemühungen“ der Anstalten berühren. Statt dessen sollte ausführlicher auf konkrete Umstände, Verhalten und Entwicklung der Verurteilten im Vollzug sowie auf die zu erwartenden Lebensumstände nach einer Entlassung aus der Haft eingegangen werden, zumal Korrelationsanalysen ergaben, daß die Argumente der Vollzugsanstalten in entsprechenden Fällen am ehesten dann bei den Kammern Beachtung fanden, wenn sie sich auf Aspekte dieser Art bezogen.

Anläßlich des Expertengespräches mit den Vollstreckungsrichtern zeigten diese sich insgesamt befriedigt über die Stellungnahmen der Vollzugsanstalten, die im Vergleich zu früheren Jahren (seit 1975) substantiierter geworden seien. Es wurde jedoch angedeutet, daß eine stärkere Annäherung an die Sichtweisen der Kammern gewünscht werde. So sollten die Vollzugsanstalten deutlicher die Delikte und die für die zu treffende

[60] So meinte eine Richterperson ohne Widerspruch oder Einschränkung durch die anderen.

Entscheidung relevanten Merkmale einbeziehen, wobei sich die Relevanz aus der früheren Tat (den Taten) ergebe; ein mitunter zu beanstandendes „Abschreiben" des Tathergangs aus dem Urteil hingegen solle unterlassen werden. Zudem wurde seitens der Richterperson vorgeschlagen, in Fällen einer Verlegung sollten kurz vor Abgabe der Stellungnahme Informationen bei der bisherigen Anstalt eingeholt werden, damit die Kammern auch über Entwicklungen und Veränderungen in Kenntnis gesetzt werden, die nach Abgabe der Stellungnahmen eingetreten sind; im übrigen sollten die Berichtsverfasser kurzfristig über solche (negativen) Umstände Mitteilung machen, die nach Absendung des Berichts eingetreten sind.

b) Während des Expertengespräches mit den Richterpersonen der Vollstreckungskammern wurde die Gestaltung der Stellungnahmen der StA einheitlich bemängelt. Zumeist würde ohne Nennung von Gründen ein Antrag gestellt, der (daher) nicht selten schwer nachvollziehbar sei. Intern bzw. privat sei bekannt, so meinte eine Richterperson, daß manche Staatsanwälte bzw. Staatsanwältinnen lediglich die Formulare ausfüllten („kann nicht verantwortet werden"), ohne die Akten durchzusehen; für sie sei das Verfahren mit der Verurteilung erledigt.

Literatur

Aufsattler, W. u.a. (1982): Eine Analyse richterlicher Entscheidungen über die Strafaussetzung nach § 57 Abs. 1 StGB, in: MschrKrim. 65, S. 305–317.

Baumann, K.-H. u.a. (1983): Zur Rückfälligkeit nach Strafvollzug; in: MschrKrim. 66 (1983).

Böhm, A. (1984): Gutachten zur Praxis der bedingten Entlassung in Hessen. Forschungsauftrag des Hessischen Ministeriums für Justiz, Wiesbaden.

Böhm, A. / Erhard, C. (1984): Die Praxis der bedingten Strafaussetzung, in: MschrKrim. 67, S. 365—378.

Dreher/Tröndle (1985): Strafgesetzbuch, 42. Aufl., München.

Dünkel, F. (1981): Prognostische Kriterien zur Abschätzung des Erfolgs von Behandlungsmaßnahmen im Strafvollzug sowie über die Entscheidungen für bedingte Entlassung, in: MschrKrim. 64, 1981, S. 279–295.

Dünkel, F. / Ganz, F. (1985): Kriterien der richterlichen Entscheidung bei der Strafaussetzung nach § 57 StGB, in: MschrKrim. 68, S. 157–175.

Eisenberg, U. (1985): Kriminologie, 2. Aufl., Köln.

Frisch, W. (1983): Prognoseentscheidungen im Strafrecht, Heidelberg, Hamburg.

Hanushek, E. / Jackson, J. (1977): Statistical Methods for Social Scientists, Orlando.

Lackner, K. (1985): Strafgesetzbuch, 16. Aufl., München.

Maack, I. (1986): Vorzeitige Entlassungen von Strafgefangenen nach § 57 Abs. 1 StGB, in: Berliner Statistik 1/86, S. 13–20.

Mannheim, H. (1975): Rückfall und Prognose, in: *Sieverts, R. / Schneider, H.J.* (Hg.): Handwörterbuch der Kriminologie, Berlin (West).

Müller, P.J. (Hg). (1977): Historisch-sozialwissenschaftliche Forschungen Bd. 2. Die Analyse prozeßproduzierter Daten, Stuttgart.

Northoff, N. (1985): Strafvollstreckungskammer – Anspruch und Wirklichkeit. Schriftenreihe der Dt. Bewährungshilfe, Bd. 6, Bonn.

Ohle, K. (1984): Einflüsse unterschiedlicher institutioneller Regelungen auf die Praxis der Strafaussetzung zur Bewährung – Auswirkungen der Reform der Strafvollstreckung von 1975, in: Kriminalpädagogische Praxis 12, S. 16–22.

Peters, K. (1977): Der Auftrag des Gesetzgebers an die Strafvollstreckungskammern, in: GA 1977, S. 97–110.

Rotthaus, K. P.: Die Zusammenarbeit zwischen Justizvollzugsanstalt und Strafvollstreckungskammer, in: Festschrift für G. Blau, Berlin u. a. 1985.

Schönke/Schröder (1985): Strafgesetzbuch, 22. Aufl., München.

Steierer, F. (1968): Untersuchungen über die Nichtrückfälligkeit von Strafgefangenen; in: MischrKrim. 51 (1968).

Anhang

Der Untersuchung von BZR-Daten zugrundegelegte Delikte und Deliktgruppen

Mord, Totschlag	StGB §§ 211–213, 217
Vergewaltigung, sex. Nötigung	StGB §§ 177, 178
Raub, räuberische Erpressung, räuberischer Angriff auf Kraftfahrer	StGB §§ 249, 250, 252, 255, 316 a
schwere Körperverletzung, gefährliche Körperverletzung, Vergiftung	StGB §§ 223 a, 224, 229
Körperverletzung	StGB § 223
fahrlässige Körperverletzung	StGB § 230
Diebstahl ohne erschwerende Umstände, Unterschlagung, Hehlerei (ohne gewerbsm. Hehlerei), Leistungserschleichung	StGB §§ 242, 246, 248 a–c, 259, 265 a
Diebstahl unter erschwerenden Umständen	StGB §§ 243, 244
Betrug, Urkundenfälschung	StGB §§ 263, 267
Widerstand gegen Vollstreckungsbeamte	StGB §§ 113, 114
Sachbeschädigung	StGB §§ 303–305
Vollrausch, Rauschtat	StGB § 323 a
Verletzung der Unterhaltspflicht	StGB § 170 b
Trunkenheitsdelikt im Straßenverkehr	StGB §§ 315 c Abs. 1 Nr. 1, 316
unerlaubtes Entfernen vom Unfallort	StGB § 142
unerlaubtes Fahren, Ermächtigung zum unerlaubten Fahren eines Kfz	StVG §§ 21 Abs. 1 Nr. 1 u. 2, 21 Abs. 2
Verstoß gegen das BtMG Nr. 1–4	BtMG §§ 29 Abs. 1 u. Abs. 3, 30 Abs. 1 Nr. 1–4

Von den Amtierenden vorgetragene Argumente und Gründe, die für eine Aussetzung sprechen

I. Vor Inhaftierung
   1. Situation vor Inhaftierung . . . . (0,6 %/0,0 %/1,4 %)[1]
      einer Erwerbstätigkeit nachgegangen, beruflicher Erfolg, normale Sozialisation, Bezugspersonen vorhanden, integriert[2]

---

[1] In runde Klammern gesetzte Ziffern bezeichnen die relative Häufigkeit, mit der Argumente dieser Kategorie insg. von JVA/StA/StVK in den untersuchten Verfahren angeführt wurden. (0,6 % / 0,0 % / 1,4 %) bedeutet hier somit, daß in 6

2. Legalverhalten .... (12,8/5,8/38,3)
positive Beurteilung d. Lebensführung .... [2,6/0,6/5,1][3]
beanstandungsfreies Leben geführt, einmaliges Ausgleiten,
zu Straftat angestiftet, Affektstau
wenige, keine Vorbelastungen .... [1,7/0,9/5,6]
nicht vorbestraft, nur geringfügig vorbelastet,
nicht vorbelastet
Erstverbüßung .... [9,9/4,7/31,3]
Erstverbüßer, noch nie inhaftiert
pos. Verlauf früherer Bewährung .... [0,9/0,9/0,5]
Bewährung erfolgreich abgeschlossen, nur Verstoß geg. Auflagen
3. Selbststeller .... (14,7/0,0/4,2)

II. Während Inhaftierung
1. Verweis auf pos. Äußerung anderer Instanz ... (0,3/5,2/1,4)
Bezugnahme auf pos. Bericht der JVA
2. Arbeit .... (35,5/0,3/3,7)
Arbeitsleistung .... [35,5/1,2/4,7]
sehr gute Leistungen, gute Leistungen
Arbeitsqualität/-motivation .... [11,6/0,9/0,9]
ordentlich, sauber, fleißig,
arbeitswillig, bemüht, zuverlässig
3. Ausgang/Urlaub .... (11,3/0,0/4,7)
stets pünktlich zurückgekehrt, neg. Alkoholtests,
kein Mißbrauch des Ausgangs, keine Beanstandungen
4. offener Vollzug/Freigang .... (21,2/0,6/14,5)
keine Beanstandungen, stets pünktlich zurückgekehrt,
beanstandungsloses Verhalten im Freigang
5. Angebote in der JVA .... (18,0/0,3/12,1)
Aus-/Fortbildung .... [7,3/0,0/3,7]
beruflichen Abschluß erreicht, berufsbildenden Lehrgang
absolviert, nutzt Angebote zur Weiterbildung, um Schulung bemüht
Sozialtherapie .... [6,1/0,0/2,8]
gute Mitarbeit in Wohngruppe, nimmt aktiven Anteil,
hat Therapie gemacht

---

von 1000 JVA Berichten, in keiner StA Stellungnahme und in 14 von 1000 Kammerbeschlüssen die Situation des Verurteilten vor seiner Inhaftierung positiv erwähnt war.

[2] Hierbei handelt es sich um Beispiele für Argumente und Umstände, die der jeweiligen Kategorie zugeordnet wurden. Sie sind wörtlich oder leicht paraphrasiert Empfehlungen und Beschlüssen entnommen.

[3] In eckige Klammern gesetzte Ziffern bezeichnen – analog zu den Ziffern in den runden Klammern – die relative Häufigkeit, mit der ein Argument dieser Kategorie durch JVA/StA/StVK vorgetragen wurde. Die Summe der relativen Häufigkeiten dieser Unterkategorien ist nicht immer mit dem entsprechenden Wert der Gesamtkategorie (runde Klammer) identisch, da mehrfache Nennungen in den Unterkategorien aus logischen Gründen in dem entsprechenden Gesamtkatalog nur einfach gezählt wurden.

Alkoholtherapie/-probleme .... [4,4/0,0/3,7]
kein Alkoholkonsum, hat an Suchtproblematik gearbeitet,
neg. Alkoholtests, Teilnahme an Alkoholiker-Gruppe
Drogentherapie/-probleme .... [3,2/0,3/2,8]
drogenfrei, Teilnahme an UK-Progr., an Suchtproblem gearbeitet

6. Soziales Umfeld/Außenkontakte .... (7,3/0,3/1,4)
soziales Umfeld allgemein .... [4,4/0,3/1,4]
hat Kontakte zu soz. Umfeld, keine Kontakte zu Mittätern
sonstige soziale Kontakte .... [3,2/0,0/0,0]
Geschwister, Großeltern, Zweierbeziehung,
Ehepartner, Kinder

7. Inhaftierung hat ungünstige Wirkung .... (1,5/0,0/0,0)
größere Resozialisierungschance mit Bewährungshelfer,
Familie bricht auseinander, Therapie außerhalb Haft besser

8. Vollzugsverhalten/Führung .... (26,5/1,2/18,7)
positives Verhalten im Vollzug .... [16,9/0,6/10,3]
positives Verhalten, gute Führung,
gute Beurteilung des Verhaltens, Mustergefangener
positives Verhalten auf Vollzugsziel bezogen .... [11,3/0,6/8,9]
positiver Haftverlauf, Mitarbeit am Erreichen d. Vollzugsziels,
konstruktives Verhalten im Vollzug, positive Entwicklung

9. Disziplin, Hausordnung .... (43,3/0,9/19,6)
neutrales Verhalten .... [9,0/0,3/1,4]
unauffälliges Verhalten, nicht negativ aufgefallen,
keine Klagen, disziplinarisch unauffällig
keine Beanstandungen .... [34,6/0,6/18,2]
einwandfreies Verhalten, hausordnungsgemäßes Verhalten,
hausordnungsgem./ordnungsgem. Führung

10. pos. Charakterisierung d. Person d. VU .... (6,4/0,3/7,0)
Psyche, Persönlichkeit .... [5,2/0,0/2,3]
stabil, ausgeglichen, ernst, selbstkritisch,
korrekt, selbstbeherrscht
positive Persönlichkeitsentwicklung .... [1,5/0,3/4,7]
Ausreifung, Bindungsfähigkeit erworben

11. vollzugsrelevante Charakterisierungen .... (22,4/0,0/0,5)
sauber – zuverlässig .... [10,8/0,0/0,0]
äußerlich sauber, ordentlich, pünktlich
freundlich – ruhig .... [22,1/0,0/0,5]
höflich, umgänglich, zurückhaltend, ausgeglichen

12. positive Beurteilung der Gesinnung .... (14,5/2,0/19,6)
Vorsätze – Einsichten .... [7,3/0,3/9,8]
feste Vorsätze, einsichtig, Reue gezeigt,
ernsthaft gewillt, keine Straftaten mehr zu begehen,
gewillt, ein straffreies Leben zu führen,
eingesehen, daß bisheriges Leben negativ war
Wirkung der Haft .... [8,1/1,7/14,0]
Verbüßung hat beeindruckt, von Haft beeindruckt,
Strafe hat gewirkt, Neigung zur Delinquenz hat sichtbar nachgelassen

III. Nach Inhaftierung

1. wirtschaftliche Verhältnisse .... (24,1,/0,9/28,5)
   Arbeit .... [19,5/0,9/23,4]
   Arbeit vorhanden, geregelte Arbeitssituation,
   Arbeit in Aussicht
   berufliche Planung .... [2,9/0,0/3,7]
   will fester Arbeit nachgehen, ist arbeitswillig, realistische Planung
   wirtschaftliche Situation .... [3,5/0,0/4,7]
   überdurchschnittlicher Verdienst, pünktliche Bezahlung von Schulden,
   geordnete wirtschaftliche Verhältnisse
2. soziale Beziehungen .... (18,0/0,0/16,8)
   Bezugspersonen/soz. Bindungen vorhanden .... [4,7/0,0/2,3]
   hat soziale Beziehungen
   Eltern/Familie (Geschwister, Großeltern etc.) .... [4,1/0,0/2,8]
   enge Bindung an Mutter, Bruder kümmert sich um ihn
   Partner (Ehe, Zweierbeziehung) .... [7,6/0,0/10,3]
   intakte Ehe, Partner vorhanden, feste Bindung,
   Hochzeit geplant, verlobt
   eigene(s) Kind(er) .... [4,7/0,0/3,3]
   will sich um Tochter kümmern
3. Wohnung vorhanden .... (24,4/0,0/15,4)
   sichere Wohnsituation, fester Wohnsitz, geregelte Wohnsituation
4. Prognose .... (10,5/2,6/13,1)
   günstige Prognose, allg. .... [1,5/1,5/2,8]
   günstige Sozialprognose .... [4,7/0,9/7,5]
   sozial integriert
   günstige Legalprognose .... [1,7/0,0/3,7]
   hat Auto verkauft (Verkehrsdelikte), Führerschein erhalten,
   seit 7 Jahren nicht mehr straffällig geworden
   günstige Prognose im Zus. mit Abhängigkeit .... [2,6/0,3/0,0]
   möchte Alkoholtherapie machen, will Drogentherapie machen,
   ist um Therapie bemüht
5. ausländerspez. Argumente .... (2,3/0,0/2,8)
   geringere Gefahr eines Mißbrauchs,
   Ausweisungsverfügung liegt vor, Abschiebung ist vorgesehen,
   möchte ausgewiesen werden, will in Heimat zurück
6. positive Beurteilung bei Anhörung .... (0,0/0,0/0,9)
   hat positiven Eindruck erweckt

Argumente, Gründe, Umstände, die nicht mit obigem Kodierschema zu erfassen sind .... (1,5/0,0/1,4)

Von den Amtierenden vorgetragene Argumente und Gründe, die gegen eine Aussetzung sprechen

I. Vor Inhaftierung

1. Situation vor Inhaftierung .... (2,9 %/0,9 %/4,7 %)
   keine Arbeit .... [0,9/0,0/1,4]
   längere Zeit nicht gearbeitet, keiner geregelten Arbeit nachgegangen
   Haft .... [0,9/0,0/1,4]
   lange Inhaftierung, fast 17 Jahre in Haft

Drogenabhängigkeit .... [1,2/0,9/2,8]
erfolglose Therapieversuche, Abbruch d. Therapie

2. Legalverhalten .... (18,0/15,1/41,1)
Vorbelastungen allgemein .... [12,2/9,6/28,0]
vorbestraft, mehrfach vorbestraft
einschlägige Vorstrafen/-belastungen .... [4,4/5,2/11,7]
einschlägig vorbestraft/vorbelastet
Vorbelastungen als Jugendlicher .... [1,5/0,3/1,9]
Zuchtmittel, Jugendstrafe(n)
negative Beurteilung .... [2,6/2,3/7,0]
häufige Rückfälligkeit, kriminelle Energie

3. Bewährung .... (16,9/12,5/47,2)
Widerrufe allgemein .... [3,2/4,4/10,3]
Bewährungsbruch, Widerruf d. Strafaussetzung
Straftat(en) .... [5,8/3,5/13,6]
Straftat während Bewährungszeit
Bewährungsauflagen .... [2,3/1,2/2,8]
Verstoß gegen Bewährungsauflagen
negative Beurteilung .... [5,5/4,1/26,6]
Bewährungschance nicht genutzt, Bewährungsversager

4. Delikt, Tatumstände .... (2,3/4,7/19,2)
Drogen – Schwere des Delikts .... [1,2/3,2/5,1]
schwere Bestrafung aufgrund des Delikts erforderlich, geringe Achtung fremder Rechtsgüter, Mißachtung des Lebens u. d. Gesundheit anderer
Drogen – besondere Maßstäbe .... [0,6/0,3/5,1]
strenge Maßstäbe sind anzulegen, für Resozialisierungswahrscheinlichkeit sind erhöhte Anforderungen zu stellen
andere Delikte – Schwere/Umstände .... [0,9/1,2/11,7]
Leichtfertigkeit bei der Tatbegehung, Tat mit krimineller Energie geplant und ausgeführt, Gefährdung d. öffentlichen Sicherheit

II. Während Inhaftierung

1. Mangel an Gründen für Aussetzung .... (5,2/1,7/6,5)
keine bes. Gründe erkennbar, die Aussetzung rechtfertigen würden, keine entlastenden Umstände, keine besonderen Umstände

2. Verweis auf neg. Äußerung anderer Inst. ...... (0,0/13,4/1,4)
Bezugnahme auf neg. Bericht der JVA,
JVA-Bericht läßt keine positiven Anhaltspunkte erkennen,
Gnadengesuch abgelehnt

3. Vollzugsverhalten/Führung .... (15,4/1,2/3,3)
Arbeit .... [2,6/0,0/0,0]
als Freigänger noch keine Arbeit gefunden, nicht um Arbeit bemüht, arbeitsscheu, schlechte Leistung
Disziplin, negativ sanktionierte Aktivitäten .... [7,0/0,9/1,9]
Disziplinarmaßnahmen durchgeführt, Hungerstreik, Beschwerdefreudigkeit
Drogen .... [4,7/0,3/1,4]
Drogenbesitz, Konsum, Herstellung von Alkohol

Beanstandungen .... [2,6/0,3/1,9]
Verhalten nicht immer befriedigend, kleinere Auffälligkeiten
negative Beurteilung .... [1,7/0,0/1,0]
keine Mitarbeit an Vollzugsziel, negativer Vollzugsbericht,
kein Interesse an Vollzugsziel

4. Ausgang/Urlaub .... (9,6/0,6/2,8)
keine Erprobung .... [2,0/0,0/1,0]
kein Urlaub gewährt
Beanstandungen .... [1,2/0,0/1,0]
unpünktlich zurückgekehrt
Mißbrauch mit nachfolgender Sperre (wegen Straftat) .... [0,9/0,3/0,5]
Mißbrauch des Ausgangs zu neuer Straftat
Mißbrauch mit nachf. Sperre (aus anderen Gründen) .... [5,5/0,3/1,4]
nicht zurückgekehrt, Drogen-/Alkoholkonsum

5. offener Vollzug/Freigang .... (13,1/2,3/9,3)
keine Erprobung .... [5,5/1,2/4,7]
keine Erprobung in Außenmaßnahmen
Beanstandungen .... [2,0/0,0/1,4]
unpünktlich zurückgekehrt, Rahmenzeit überschritten
Mißbrauch mit nachf. Ablösung (wegen Straftat) .... [2,3/1,2/1,9]
neuerliche Straftat während Freigangs
Mißbrauch mit nachf. Ablösung (aus anderen Gründen) .. [4,4/0,3/5,1]
nicht zurückgekehrt, Drogen-/Alkoholkonsum

6. Angebote in der JVA .... (11,6/1,5/3,7)
Aus-/Fortbildung .... [0,9/0,0/0,5]
Abbruch der Ausbildung, Angebote nicht genutzt
Alkoholtherapie/-probleme .... [6,7/0,9/3,7]
erfolglose Entziehungskur, Alkoholproblem ungelöst,
Alkoholiker, Alkoholgefährdung
Drogentherapie/-probleme .... [1,5/0,6/1,0]
Behandlungszeit zu kurz, Bagatellisierung von Suchtverhalten
Sozial-/Gesprächstherapie .... [3,5/0,0/0,0]
keine Auseinandersetzung m. Problemen, die zu Straftat führten,
kein Interesse an Therapie

7. Soziales Umfeld/Außenkontakte .... (1,5/0,0/0,9)
negative Kontakte, keine sozialen Kontakte,
kaum soz. Kontakte

8. formale Aspekte .... (5,8/2,6/1,9)
Anschlußstrafe, offenes Verfahren,
neue Straftat (sofern nicht im Zusammenhang m. Urlaub/Freigang)

9. neg. Charakterisierung d. Person d. VU .... (9,0/0,3/8,4)
Psyche, soziale Kompetenz .... [8,4/0,0/3,3]
wenig belastbar, Fall für Psychiatrie, labil,
unausgeglichen, beziehungsgestört, soziale Defizite
neg. Beurteilung der Persönlichkeit .... [2,9/0,3/5,6]
negative Persönlichkeit, kein Verantwortungsgefühl,
Persönlichkeitsdefizite, Nachreifung erforderlich

10. vollzugsrelevante Charakterisierungen .... (4,7/0,0/0,0)
resigniert, gleichgültig, desinteressiert,
disziplinlos, unbeherrscht, laut

11. negative Beurteilung der Gesinnung .... (5,8/2,0/19,6)
    mangelnde Einsicht, fehlende Rechtstreue .... [3,2/0,6/11,2]
    macht unbelehrbaren Eindruck, rechtsfeindliche Gesinnung, uneinsichtig, hält sich für unschuldig
    mangelnde Wirkung der Haft .... [3,5/1,5/17,8]
    Vollstreckung hat nicht gewünschte Wirkung gezeigt, keine sichtbare Abkehr von krimineller Laufbahn, keine Anhaltspunkte für Gesinnungswandel, von Freiheitsstrafe nicht beeindruckt

III. Nach Inhaftierung
1. wirtschaftliche Verhältnisse .... (8,4/0,0/5,1)
   ohne Arbeit .... [5,2/0,0/4,2]
   keine Arbeit, keine Arbeit in Aussicht, Invalidität, keine Arbeitserlaubnis
   keine berufliche Planung .... [1,2/0,0/2,8]
   keine realistische Berufsplanung
   wirtschaftliche Situation .... [2,3/0,0/1,9]
   hohe Schulden, total verschuldet
2. soziale Beziehungen .... (7,0/0,6/3,3)
   Negative Bezugspersonen/neg. Umfeld .... [1,2/0,3/1,4]
   Rückkehr in altes Milieu, unklare soz. Verhältnisse
   Keine tragfähigen sozialen Beziehungen .... [5,8/0,3/2,3]
   kaum soziale Kontakte, keine Integration, familiäre Bindungen fragwürdig in bezug auf Rückfall
3. ohne Wohnung .... (3,5/0,0/1,9)
   ungeklärte Wohnsituation, kein fester Wohnsitz
4. Ablehnung mit formelhafter Begründung ..... (0,0/14,0/0,9)
   es kann nicht verantwortet werden zu erproben...,
   es sollte nicht verantwortet werden...
5. Prognose .... (11,3/7,0/16,4)
   negative Prognose, allg. .... [2,3/2,0/2,8]
   JVA-Stellungnahme erlaubt keine günstige Prognose, weitere Zukunft ist mit großen Unwägbarkeiten verbunden
   ungünstige Sozialprognose .... [4,9/2,3/4,7]
   keine günstige Sozialprognose
   ungünstige Legalprognose .... [2,6/1,7/9,8]
   Befürchtung neuer Straftaten, Rückfall nicht auszuschließen, Entziehung der Fahrerlaubnis für immer
   ungünstige Prognose aufgrund von Abhängigkeit .... [2,0/0,9/4,2]
   aufgrund v. Alkoholgefährdung besteht d. Gefahr neuer Straftaten, schwache Drogenresistenz begründet Rückfallgefahr, will keine Therapie machen, schwache Therapiemotivation
6. ausländerspez. Argumente .... (3,5/1,2/0,9)
   für § 456 a Entscheidung vorgesehen, Abschiebehaft bzw. Abschiebung beantragt/angeordnet, wg. Abschiebung keine Gelegenheit d. Bewährung in Deutschland, Ausweisung verhindert Straffälligkeit nicht
7. negative Beurteilung bei Anhörung .... (0,0/0,0/2,3)
   verbale Aggression, Bedrohung des Gerichts, Zuknallen d. Tür d. Gerichtsraumes

Argumente, Gründe, Umstände, die nicht mit obigem Kodierschema zu erfassen sind .... (1,2/0,9/0,5)

Von den Gefangenen bei ihrer Anhörung vorgetragene Argumente und Gründe

I. Vor Inhaftierung
  1. Situation vor Inhaftierung .... (2,8 %)
     hat vor Haft gearbeitet, D. ist Heimat,
     hat stets gearbeitet, sozial integriert
  2. Legalverhalten .... (10,3)
     nicht vorbestraft, erste Haftstrafe, Erstverbüßer
  3. Urteil .... (1,9)
     unschuldig verurteilt, Strafe zu hoch

II. Während Inhaftierung
  1. während Haft gearbeitet .... (4,2)
  2. Ausgang/Urlaub ohne Beanstandungen .... (1,4)
  3. offener Vollzug/Freigang ohne Beanst. .... (6,5)
  4. Angebote in JVA .... (19,2)
     Aus-/Fortbildung .... [3,7]
     beruflichen Abschluß erreicht, Lehrgang beendet,
     Hauptschulabschluß nachgeholt, an Weiterbildung teilgenommen
     Sozialtherapie .... [2,3]
     Wohngruppenvollzug, an Gruppen teilgenommen
     Alkoholtherapie/-probleme .... [10,7]
     Alkoholproblem überwunden, trinkt nicht mehr, kein Alkoholiker
     Drogentherapie/-probleme .... [3,3]
     drogenfrei, Teilnahme an UK-Progr., an Suchtproblem gearbeitet
  5. soziale Außenkontakte vorhanden .... (2,8)
     regelmäßiger Kontakt zu Eltern,
     hat Kontakte zu soz. Umfeld
  6. Haftspezifisches .... (7,0)
     Haft hat ungünstige Wirkung .... [5,6]
     wirkt sich negativ aus, Familie droht auseinanderzubrechen,
     dauerhafte Krankheit
     Haftumstände .... [2,3]
     keine Vollzugslockerungen genossen, bereits sehr lange in Haft
  7. Hausordnung eingehalten .... (1,9)
     keine Disziplinarmaßnahmen, hausordnungsgemäße Führung
  8. Gesinnung .... (24,3)
     Vorsätze – Einsichten .... [22,4]
     will in Zukunft straffrei leben, eingesehen, daß falsch gehandelt,
     will neues straffreies Leben führen, wird keine Straftaten mehr begehen
     Wirkung der Haft .... [4,7]
     von Haft beeindruckt, Haft hat gewirkt

III. Nach Inhaftierung
  1. wirtschaftliche Verhältnisse .... (57,9)
     Arbeit .... [44,9]

Arbeit vorhanden, geregelte Arbeitssituation,
Arbeit in Aussicht
berufliche/wirtschaftliche Planung . . . . [14,0]
will fester Arbeit nachgehen, will arbeiten,
wird Arbeit finden, will Schulden abzahlen
wirtschaftliche Situation . . . . [6,1]
geordnete wirtschaftliche Verhältnisse,
wenig Schulden, Schulden bezahlt

2. soziale Beziehungen . . . . (38,3)
Bezugspersonen/soz. Beziehungen vorhanden . . . . [1,9]
soziale Bindungen bestehen
Eltern/Familie (Geschwister, Großeltern etc.) . . . . [8,9]
Kontakt zu Mutter, muß sich um Vater kümmern
Partner (Ehe, Zweierbeziehung) . . . . [21,5]
intakte Ehe, Partner vorhanden, muß sich um Freundin kümmern,
Hochzeit ist geplant, verlobt, will heiraten
eigene(s) Kind(er) . . . . [14,0]
will Kinder versorgen, Freundin erwartet Kind,
will sich um Sohn kümmern, Kinder müssen in Heim leben

3. Wohnung vorhanden . . . . (36,4)
hat Wohnung gehalten, Mietvertrag ist unterzeichnet

4. Prognose . . . . (6,5)
Sozialprognose . . . . [1,9]
durch Umzug Milieu gewechselt
Legalprognose . . . . [3,3]
darf Führerschein machen
Prognose im Zus. mit Abhängigkeit . . . . [1,9]
war nie drogensüchtig, kann nicht mehr trinken

5. ausländerspez. Argumente . . . . (6,1)
möchte in Heimat zurück, bessere Chancen in Heimat,
Abschiebung erwünscht

6. Therapie . . . . (5,6)
will Drogentherapie machen, Psychotherapie geplant

Kolibri 360 GmbH
Ferdinand-Jühlke-Straße 7
99095 Erfurt, Deutschland
produktsicherheit@kolibri360.de